傳承經典 融入現代

柴松岳

丙戌年初春

●本书献给关心、支持杭州老字号发展的社会各界人士●

◎杭州老字号系列丛书◎

建筑篇

□丛书主编　吴德隆

□仲向平　著

□杭州老字号企业协会　□杭州老字号丛书编辑委员会

浙江大学出版社
ZHEJIANG UNIVERSITY PRESS

○杭州老字号系列丛书○

序　　言

“东南形胜，三吴都会，钱塘自古繁华。”杭州有8000年前的跨湖桥文化、2200多年的建城历史，是国务院首批命名的国家历史文化名城，也是“中国七大古都之一”。

在杭州城市的发展演进中，有一批与这座城市水乳交融、不可分割的历史文化遗产，有一群演绎了一段段美丽动人、可歌可泣传奇故事的知名自主品牌，这就是“老字号”。这些有着几十年甚至上百年历史的“老字号”，蕴涵着丰富的文化积淀，承载着厚重的历史传统。它们在历史长河、传统文化的孕育和洗礼中生成、发展、传承、创新，谱写着开拓者筚路蓝缕的创业诗篇，演奏着承继者与时俱进的创新乐章，诠释着先贤达人诚信公平的经营之道。它们是杭州这座城市的“胎记”和“名片”，也是杭州这座城市的“根”与“魂”。

“老字号”是经济和文化的结晶。它们既具有经济价值，更具有文化价值。“江南药王”胡庆余堂、“剪刀之冠”张小泉、“杭菜一绝”楼外楼、“闻香下马”知味观……一家家“老字号”，凭借别具一格的绝活技艺、独树一帜的经营理念，打造了经久不衰的名店名号，成为杭州工商业发展史的参与者和见证者。与此同时，这些“老字号”又以其悠久的历史、厚重的文化承担起历史文化承载者和体现者的使命，成为杭州地域特色及文化传统的表征与注脚。如果从历史和文化演进的时空背景来衡量“老字号”，它们本质上是一种文化形态，是江南地域文化在杭州工商业领域的经典范例和有形载体。

“老字号”是传承与创新的典范。传承谋生存，创新图发展，是“老字号”永续经营、青春永驻的成功秘诀。在杭州，“老字号”凤凰涅磐般与时俱进、重获新生的故事不胜枚举：胡庆余堂传承人冯根生禀承祖辈诚信之遗训谱就“戒欺”新篇章；“王星记扇子”承继百载依旧清风播翰香；“楼外楼”、“知味观”以其传承与创新的完美结合门庭若如市、闻香竞停车……

“老字号”既是一份厚重的物质文化遗产和非物质文化遗产，也是一份宝贵的文化传统和精神财富。传承“老字号”的传统技艺，保护“老字号”的金字招牌，弘扬“老字号”的特色文化，推动“老字号”的创新发展，杭州市委、市政府责无旁贷，当代杭州人责无旁贷。《杭州老字号系列丛书》向我们全面展示了杭州的百年品牌、商业文化和人文风情，向我们讲述了一个个创业创新的感人故事，也使我们进一步增强了保护好、传承好、发展好杭州“老字号”的责任感和紧迫感。我们一定要下最大决心、花最大力气、出最优政策，把杭州“老字号”保护好、传承好、发展好，使之真正成为城市的“金名片”、人民的“摇钱树”。

是为序。

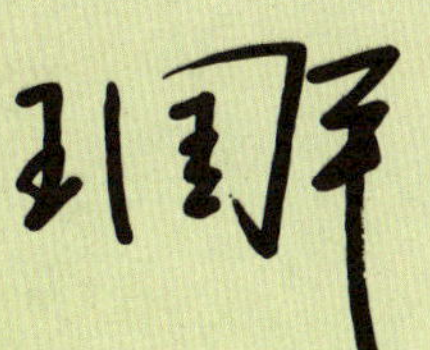

2008年2月26日于杭州

王国平 现任中国共产党浙江省委员会常委，中国共产党杭州市委员会书记，杭州市人民代表大会常务委员会主任

○杭州老字号系列丛书○

序 言 二

杭州是国内外著名的大古都。上世纪80年代以后，由于不少在历史文化上获有声名的城市，都有争取成为“古都”甚至“大古都”的愿望，因此，我主编《中国都城词典》（江西教育出版社1999年出版），词条中把“古都”和“大古都”做了明确的解释：所谓“古都”，第一是历史上曾经成为一个独立政权的首都；第二是可以称为古都的现代城市，在地理位置上是与当年的古都重合，或部分重合。所谓“大古都”，就是历史上公认的传统王朝的首都，上起夏、商、周、秦、汉、晋，下至隋、唐、宋、元、明、清，都是中国历史上公认的传统王朝。这中间，晋室曾经东渡，但西晋、东晋原是一晋；宋朝虽然南迁，但北宋、南宋都是一宋。杭州从吴越宝正元年（926）成为吴越国的首都，从此就进入“古都”之列。从绍兴八年（1138）成为南宋的“行在所”，实际上的首都，从此就成为“大古都”。

关于杭州这座城市被列为“大古都”的事，是我亲身所经历的。1980年春天，“文革”结束之后不久，我们见到由王恢编著、台北学生书局1976年出版的《中国五大古都》（西安、北京、洛阳、开封、南京），大陆也拟编一本，有关方面嘱我主事。当时我想杭州毕竟是南宋的“行在所”，虽然半壁江山，但还算作是一个正统王朝。现在由我主编而仍称“五都”，这使我有愧于杭州。所以1983年4月由中国青年出版社出版的《中国六大古都》便有了杭州。当年我还带了这本书100册赴日本讲学分赠东瀛友好。后来流入台湾。台湾锦绣出版社骤见《六都》，如获至宝，便筹划出版《雄都耀光华：中国六大古都》，内容当然参照我们大陆的《六都》，但它是大16开本，由溥杰题字，卷首请我做序，且照片全为彩色，装帧极为精美，其中《杭州》开首的小标题“从海湾、泻湖到西湖”就是我的原话。此书于1989年出版（1989年大陆又有《中国七大古都》电视片，向国庆四十周年献礼，增加了河南安阳），获得很好的反响，一再重版。

我的老家是绍兴，但在杭州工作了五十多年，而且至今虽届耄耋之年，离期颐之年也已不远，但仍在职（应国务院之聘为终身教授），所以对这个城市的热爱当然是不言而喻的。在这些年里，是我第一次把杭州作为大古都落实于正式出版的书中。

南宋定都杭州以后，都城随即繁荣，而首先就是人口剧增。据美国著名汉学家施坚雅（G.W.Skinner）在其名著《中华帝国晚期的城市》（中译本，叶光庭等译，陈桥驿校，中华书局2000年出版）书中对几个“大古都”的人口统计：八世纪的长安（今西安）人口达一百万；北宋的东京（今开封），在其最后年代，人口为八十五万；南宋的临安（今杭州），在其最后年代，人口为一百二十万。杭州是人口最早攀登高峰的“大古都”。与人口增加同时出现的，当然就是商业繁荣。当时的杭州，商铺林立，生意兴隆。据南宋当代人吴自牧所撰的《梦粱录》卷十六中所记，杭州的商铺，主要可分“茶肆、酒肆、分茶酒店、面食店、荤素从食店、米铺、肉铺、鲞铺”八大类。有的商铺规模很大，象“分茶酒店”（相当于今酒菜馆）中有各类菜肴三百多种；“荤素从食店”（相当于今糖果店）中有各种点心一百二十多种；“鲞铺”（相当于今海味店）有各种鱼鲞海味六十八种。随着商业繁荣，必然出现商业竞争。许多商铺之中，兴衰交替，自属常事。而其中管理有方、经营得法的，就能在同行中独占鳌头，并且长期兴隆，这样的商铺，就是当时的老字号。以“酒肆”为例，在《梦粱录》中，象中瓦子前的武林园，南瓦子的熙春楼，都是著名的老字号。

“老字号”是商业领域中的一种重要事物。在各行各业中，“老字号”的数量众多和持续长久，这不仅是商业兴隆的标志，在某种意义上，也是经济繁荣和生意发展的标志。从《梦粱录》时代到今天，为时已近千年，杭州仍然是一个商业繁荣、“老字号”林立的城市，这确实是值得令人高兴的，同时，也让我们意识到对“老字号”宣传和保护的重要。

作为一个在杭州居住了半个多世纪的人，引以为豪的是，在2006年商务部重新认定的第一批420家“中华老字号”中，杭州占了相当的比例。50年前的世界500强，现在70％已经被淘汰出局，但是世界500强排名在前的百年历史的公司却一直表现很优秀。从英国《金融时报》和普华会计事务所联合进行的世界最受尊重的公司排行榜，可以看出这种趋势。它们的宝贵经验是把继承创新看作是基业常青的保证。这套《杭州老字号系列丛书》的编纂出版，便是老字号创新发展的一种精彩展示。内容详实、记叙简洁、图照精美、版式新颖是它的显著特点。尤其可贵的是它的创业理念与理财方略、经营招数，至今仍可借鉴和采用。这是一宗巨大的文化遗产与精神财富，不仅具有保护、弘扬的价值，而且还具振兴、利用和在此基础上创新、发展的意义。谨以此小序聊表贺忱。

陈桥驿

2007年11月29日于浙江大学

陈桥驿 浙江大学终身教授、著名历史地理学家。任中国地理学会历史地理专业委员会主任，国际地理学会历史地理专业委员会咨询委员，日本关西大学、大阪大学、广岛大学客座教授。国务院授予的“为发展我国高等教育事业作出突出贡献”的著名专家，在中国乃至世界地理学界享有崇高声誉。

○杭州老字号系列丛书○

写在前面

“钱塘自古繁华”，杭州商业历史悠久。这里人杰地灵、物华天宝，能工巧匠云集、传统名产丰盛、名点佳肴繁多，一大批老字号应运而生。《杭州老字号系列丛书》，正是为了对杭州老字号整个过去和今天做番回顾与梳理，先从城区着手，再视条件许可逐步扩大到各区、县（市）。

杭州老字号历经沧桑，有过骄人辉煌，也有过坎坷曲折……可以说，老字号见证了杭州城市工商业历史的发展，是历史留给我们宝贵的文化遗产和丰厚的物质财富，也是中华民族工商业的瑰宝。张小泉、王星记、都锦生、高义泰、胡庆余堂、孔凤春、楼外楼、知味观……杭州老字号都有属于自己独特的鲜明特征。像胡庆余堂、方回春堂和张同泰药号，其建筑气势恢宏，完整地保留了当年明清建筑的原形态，这在全国也是罕见的。老字号以其独特的文化基因，传承着杭州这座历史文化名城的人文脉搏，犹如一颗颗熠熠发光的明珠，把西湖装点得更加灿烂。

这套丛书作者以极大的热情，经过广泛挖掘、搜索、整理，比较系统地介绍了杭州老字号的峥嵘岁月和辉煌历程，本意在于追溯老字号的渊源，发掘老字号的创业历程，讲述老字号操守百年的诚信经营之道，使大家获得对杭州老字号的理性认识和形象化体验。这里有鲜为人知的历史故事，更有首次披露弥足珍贵的历史老照片。在叙述方式上，不求体例一致、形式统一、辞章华丽，但求史料详实、自得一见，文字明畅、图文并茂。这套丛书既是对昨天的总结和传承，更是对今天的鞭策、对明天的引领。

最后要说明一点：所谓“老字号”，本来是指具有50年以上历史的商业老字号，但因过去的商业老字号大多是“前店后坊”的模式，生产、营销同时并举，颇具现代概念中的“企业”性质。所以我们这里，也包括一些有影响的，特别是品质优良，经营有方和信誉卓越的一些企事业、单位与部门，其中不乏外来而在杭州开花结果者。这对于全面了解杭州社会的经济发展、各行各业特别是关乎于民众生活的林林总总，都是会有帮助的。

吴德隆

2007年6月18日于丁亥年初夏

吴德隆 曾任共青团杭州市委书记、中共杭州江干区委副书记、杭州市下城区委书记、杭州市贸易办主任、杭州市贸易局局长。
现任杭州市商业总会会长。

目 录

名人故居·宅邸 /139

建筑篇

OLD-LINE BUILDING

◎中华老字号建筑与旧址◎

壹

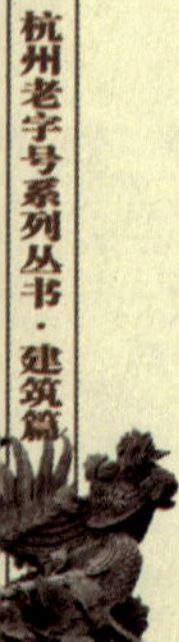

○创建于清同治十三年（1874）○

胡庆余堂

◎位于吴山东麓的大井巷95号，清同治十三年（1874）由著名"红顶商人"胡雪岩创建。光绪四年（1878）春，大井巷胡庆余堂雪记国药号店屋落成并正式营业，耗资白银20余万两。

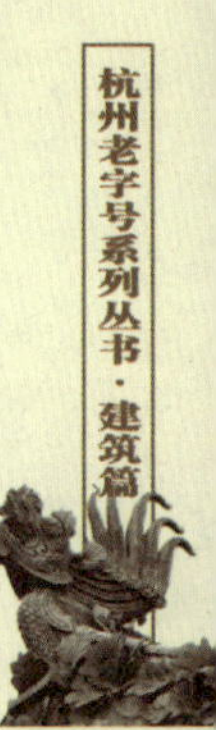

◎胡庆余堂于1988年1月被国务院确定为全国重点文物保护单位◎

◎大井巷 南起鼓楼，北至河坊街。因巷内有吴越时所凿之钱塘第一井——“大井”，故名。南宋时称“吴山井巷”，清后称“大井巷”。

◎建筑结构及特色◎

胡庆余堂建筑坐西朝东，占地2250平方米，分三进，头进为营业场所，二、三进为制药工场，厅堂宽敞，雕饰精美，是中国保存最完整的晚清时期的工商业古建筑之一。

◎特点之一◎

胡庆余堂大门朝东，进门南为长廊，尽处有亭。由亭北折，为第一进建筑。其后为第二进，两进之间有风火墙相隔。外面围以坚实高墙，气势雄伟，建筑结构独特。两进建筑都是楼房，每进的平面分前后两列，左右用廊屋连接，环绕通达。梁柱粗壮，但结构简朴；外观装饰华丽。曲廊做成窗篷顶，亭子为穹隆顶。两进建筑都用重檐，出檐较深，可防风雨飘进。上檐有一列垂莲柱，为同期建筑中所罕见。额枋、牛腿的雕刻颇为华丽，选用木材讲究。梁柱使用的木材都是银杏、香樟等，经历百年而不变。门窗的摇梗、梗臼、插栓等，全用黄铜定制，至今不锈。

◎特点之二◎

胡庆余堂店屋采用了“前店堂、后作坊”的布局形式，并吸收了江南传统民居以院落为空间单元的特点，布局精巧，设计独特，具有较高的建筑艺术水平。这种独特的布局与装饰不仅吸引了客源，同时也满足了中药号问诊、经营、生产及管理的诸多功能的需要，成为清代晚期中药坊兼门市的典型代表，是我国保存最为完整且极为少见的晚清商业古建筑群之一。

◎铁糙木◎

◎胡庆余堂建筑用材讲究，采用的是铁糙木，此木比水重，较铁硬，传说千年不腐，是皇家用料。据传，清同治年间，慈禧太后欲重建被焚毁的圆明园，从南洋购进一批名贵的铁糙木，后因经费问题搁置，当时已开始筹建药店的胡雪岩正为采办大量高档木材而发愁，闻知后即设法打通关系买下了这批名贵木材，用于胡庆余堂的建造。因此胡庆余堂建筑不但装饰精美古雅，且十分坚固，经历了一百多年风雨沧桑依然保存完好。

◎建筑现状◎

◎胡庆余堂位于吴山东麓的大井巷95号，现为药店，对外开放。

◎2005年1月1日被确定为“杭州市国际旅游访问点”。

方回春堂

○创建于清顺治六年（1649）○

方回春堂

◎位于上城区河坊街117号，创建于清初期，为老字号国药店，在民国时期曾与胡庆余堂、叶种德堂、万承志堂、张同泰、泰山堂合称为杭州中药业六大家。

◎方回春堂于2000年7月被杭州市人民政府确定为杭州市文物保护单位◎

◎建筑结构及特色◎

方回春堂现存建筑占地面积约805平方米，共有三进。它的建筑风格与邻近的清河坊“四拐角”一些西洋建筑形成鲜明反差，是典型的清代江南传统商业建筑。整个墙门沿南北轴线展开，大门处是一堵高大宏伟的青砖石库门山墙，上有砖雕匾额和花饰。店堂内宽敞高雅，楼阁高耸，雕饰精致，具有很高的艺术价值。除了高大气派的营业大厅，院内还有制药作坊、方氏主人住房等。

由于清代和民国时期在杭州经商的除杭帮商人外，最多的是徽商，因此店面建筑风格深受徽派建筑文化的影响；同时，店堂再大，也摆脱不了前店后坊、下店上住这种手工作坊模式的格局。

◎建筑现状◎

◎方回春堂，位于上城区河坊街117号，现为杭州市文物保护单位，仍为药店,对外开放。

回春古井

◎在方回春堂的店堂内，至今还保留着一口古井，传说中的方氏秘制小儿回春丸就是用此井水制成，十分灵验有效。回春古井原来是在大厅前的天井中，后几经道路扩建及房屋修缮，现移至国医馆右边的柜台里面，至今仍保存完好。

葉種德堂

堂
杭州慶餘中醫門診部
胡慶餘堂國藥號
葉種德堂連鎖店
49

種
浙江省慈善總會門診部
胡慶餘堂名醫館

○创建于清嘉庆十三年(1808)○

叶种德堂

◎位于上城区中山中路47、49号，其前身叶种德堂国药号由慈溪人叶谱山创办于清嘉庆十三年（1808），是杭州自制丸、散、膏、丹，开设最早、规模最大的一家国药号，原址在望仙桥直街。它以进料严格、精心炮制而名扬海内，其产品畅销全国。

◎建筑结构及特色◎

叶种德堂建筑坐西朝东，占地1185平方米，共三进。一进建筑由门楼、回廊、半亭等组成，部分毁于20世纪60年代。二进为药店的主体建筑，共三层，一层为营业大厅，地面铺设仿西班牙式地砖，二层为转角走马楼形式，三层为平台及采光天棚。三进为西式的三层楼屋，原为店员宿舍。叶种德堂与胡庆余堂、方回春堂等一样，其门面均采用青砖制成的高大石库门山墙和装饰丰富精致的门楼，是典型的皖南徽式建筑。近年来，叶种德堂欣逢盛世，恢复旧观，重新营业，百年老字号重现生机。

◎建筑现状◎

◎叶种德堂，旧址位于上城区中山中路47、49号，现属胡庆余堂第二门市部，为杭州市市级文物保护单位。

◎链　接◎

叶种德堂传至叶谱山的第四代孙叶鸿年时，败象已现，濒临破产。1933年，时任杭州总商会会长的王芗泉鉴于叶种德堂系名牌老店，如能充实资金，还能起死回生。于是由他发起征集新股接盘，王芗泉为董事长。当时因望仙桥直街原店位置已不能适应市场，故在河坊街另购基地，临街建筑新店。从1934年开始，费时近两年，耗资10万元，终于在1936年开张。店堂内仍设鹿舍，饲养部分关东鹿，供人参观。望仙桥原店改为仓库和制药工场。

抗日战争爆发后，叶种德堂被迫停业。1956年实行公私合营，1958年并入胡庆余堂国药号，现属胡庆余堂第二门市部。

張同泰

○创建于清嘉庆十年（1805）○

张同泰药店

◎地处中山北路99号孩儿巷口的张同泰药店，已被杭州市政府确定为第三批市级文物保护单位。是文物必有其内涵，真可谓“多少兴废事，尽在遗迹中！”千万别小觑了这白墙乌瓦的石库墙门和店堂里残存的画栋雕梁，屈指算算，清代药店建筑，杭州除胡庆余堂外，已找不出保存如此完好的第二家了。

◎建筑结构及特色◎

1910年，张同泰之五世孙张鲁庵继承祖业，重建了石库门墙，门额上刻“万象商标”，“张同泰”三个金字店名凸显门楣，两旁悬挂“张同泰道地药材”铜牌，据传此牌为张大千先生的老师曾熙之手迹。药铺按清代江南典型的传统药店布局，前店后场。第一进，两侧回廊密排悬挂黑底金字各种丸散膏丹功效牌，正中为八角雕花亭子，内竖黑漆木碑，书“进内交易”雕制的贴金大字。二进为营业铺厅，上书“药局”两字，两侧枣红色整块花梨木中药柜与丸散柜对称而设，百眼柜、彩瓶、锡瓶、锡盒点缀有致，柜旁竖有“万汇滋生”和“岐黄正传”的烫金匾对，厅内雕梁画

◎这是张同泰药店当年用于上下楼之间递送药方、药材等的传送装置，利用滑轮原理，方便快捷，是当时较为先进的设备，也是目前杭城药店中惟一保存下来的一个。

栋，宫灯高悬。三进为客厅，堂明几净，字画添彩，是经理接待宾客、洽谈业务之所。后院的屋房，设有拆兑、栈房、鹿栓间、改制间、库房等。当时的张同泰如日中天，财源茂盛，已跨入杭城包括胡庆余堂、叶种德堂、万承志堂、泰山堂、方回春堂在内的六大国药铺之列了。

建国后，1956年实行公私合营，同益堂、大生祥、孙泰和、美华四店先后并入，1965年改名为春光药店。“文化大革命”期间，店内古朴雅致的铺面雕花、匾额碑刻均被“破四旧”者砸毁。1981年，后面房屋被拆建为医药站宿舍，1988年恢复张同泰店原名。

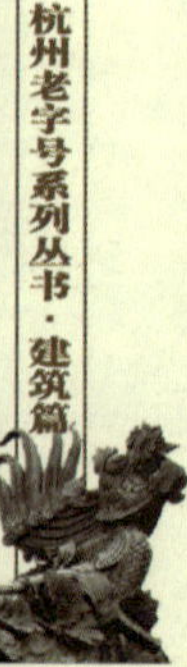
杭州老字号系列丛书 · 建筑篇

◎建筑现状◎

◎张同泰药店位于下城区中山北路99号孩儿巷口，2005年，杭州市文保所

张同泰国药号

◎张同泰国药号创始人张梅，浙江慈溪县马经村人。初在杭州新宫桥河下开设茂昌药号，清嘉庆十年（1805）盘进沈同泰国药号（在同春坊孩儿巷口），取名张同泰。道光年间，其子举人张耐先为嗣父业，弃仕经商。咸丰初，他购地四亩余把张同泰扩建成杭城一流的大药铺，还在靴儿河下等地增开了益元参店。

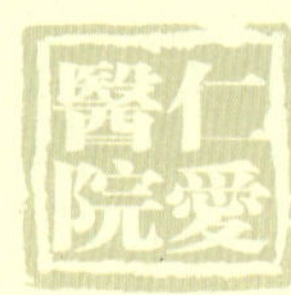

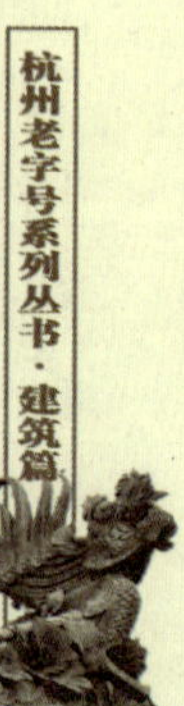

■杭州仁爱医院医疗楼（20世纪50年代），现已拆除改建成了办公大楼。

○创建于中华民国十一年（1922）○

仁爱医院

◎杭州仁爱医院系仁爱会在杭州的分院。仁爱会创建于1633年，是国际性的天主教修女会，总会设在巴黎。该会办有医院、学校、育婴堂等，并由修女充当其中的管理者和工作人员。仁爱会进入杭城应为清同治七年（1868），该会在杭州天汉洲桥（今中山北路）创立了直属杭州教区的仁爱会分院“仁慈堂”。1922年，法国天主教仁爱会修女郝格励捐献部分资产在杭州市刀茅巷的石板巷建立了仁爱医院。

◎仁爱医院旧址于2005年3月被浙江省人民政府确定为省级文物保护单位。

◎建筑结构及特色◎

仁爱医院旧址东靠环城东路及贴沙河，南临凤起路，西接刀茅巷，北毗杭州护士学校，全院建筑面积27728平方米。自医院正门进入，即有两幢红色清水砖砌筑的建筑。南幢平面呈不规则几何形，二层砖木结构四坡顶，墙面辟平窗，两层之间在外墙饰水平线脚。北幢与南幢之间以院路相隔，平面呈“L”形，一层砖木结构歇山顶，坐北朝南，其南立面主入口辟尖拱门，此现为医院放射科。南幢以西，亦有一幢二层建筑，坐北朝南，平面为不规则几何形，红色清水砖外墙，砖木结构坡屋顶，现为红会医院结核病病房。

病房以北即教堂，坐北朝南，红色清水砖外墙，平面呈瓶形，占地面积约为358平方米，砖木结构坡屋顶，其平面自南向北依次为主厅、祭坛和灵修室。教堂以西，另有一幢二层红砖建筑，坐西朝东，平面矩形。据传原为修女的宿舍，其南部一段应是仁爱医院原主入口，现仍留存有较为粗壮的塔斯干式圆柱。

仁爱医院旧址教堂的建筑风格比较独特，属于哥特式风格的简化形式，广泛运用了尖拱券门窗、簇柱状壁柱、哥特式柱础等建筑符号。

在建筑色彩的运用上，医院旧址也有其独到之处。杭城的近代建筑至民国时期不少已采用清水砖砌筑外墙，可能是受传统审美心理影响，杭人一般都选择素净的青砖，而仁爱医院的建筑则采用红色清水砖。当时业主之所以选择红色，可能是因为红砖的暖色与仁爱在情感层面具有某种契合，无形中能使前来就诊的病人产生信任、温暖、亲切的感受。

◎建筑现状◎

◎仁爱医院旧址位于杭州下城区环城东路38号，1955年更名为杭州市红十字会医院。

◎链　接◎

中国数千年的文化积淀，形成了以木构梁式为主流样式的建筑传统，这种传统沿袭至近代，才因西风东渐而有所改变。中国近代建筑在最早接纳西方建筑的重要商埠城市中正式产生、发展，然后逐渐扩散到中国各地。杭州仁爱医院旧址的遗存建筑则是这段历史中后期的实物例证，它迥异于中国的传统建筑，以独特的建筑形式和浓厚的异国情调而独具魅力。

1922年，法国天主教仁爱会修女郝格肋在刀茅巷的石板巷建立仁爱医院时，该院建有修女住宅、男女病房各一幢及医师住宅一所。1928年秋，英籍大夫姆彭出任院长时，又增建了教堂、X光室、施诊所、免费病室、海星小学校舍等。此后，医院数度易名，至1955年6月，终被命名为杭州红十字会医院，院址仍设在刀茅巷。1979年5月，院方开始建筑新门诊大楼，同时，医院大门由刀茅巷改至环城东路38号。

西泠
印社

杭州老字号系列丛书·建筑篇

◎建筑现状◎

◎西泠印社位于西湖孤山路31号，平面布局、建筑保存完好，现为全国重点文物保护单位。

○创建于清光绪十九年（1903）○

西泠印社

◎西泠印社以金石蜚声中外，也以别具一格的园林建筑著称于世。印社社址北枕孤山，远揽山色，平挹湖光，可谓“占湖山之胜，撷金石之华”。由湖畔之柏堂拾级而上，一路行来，碑刻、摩崖、石坊、匾联令人目不暇接，弥漫着浓重的金石之气。

◎西泠印社于2001年6月被中华人民共和国国务院确定为全国重点文物保护单位。

◎建筑结构及特色◎

西泠印社庭园，基本上可划分为以柏堂、竹阁为主的“小方壶”，以仰贤亭、山川雨露图书室、接待室组合的“鸿雪径”，以观乐楼、汉三老石室、四照阁、题襟馆联合的“华严经塔”以及还朴精庐和鹤庐门楼后院等五个大小不等的建筑空间。西泠印社按不同的自然地形地貌安排各有特色的建筑物，使建筑形式灵巧活泼，并采用单层砖木结构的民居形式和粉墙黛瓦的建筑色彩，具有江南民居建筑的风貌；建筑的选址立基，以特定的自然环境为依据，而不拘泥于建筑朝向，使建筑高低错落，也便于眺览西湖景色；绿化树种配置，掌握了适地适树的原则，辩证地体现了“你中有我，我中有你”的建筑与绿化的关系。

西泠印社的创社建园多属文人雅士之举，经过多年的切磋琢磨，将金石书画技艺融合于园林建筑布局中，才成功地建成具有江南庭院典范的园圃——“湖山最佳处”。

◎**孤山路** 东起平湖秋月，西折北至西泠桥。以路沿孤山得名。唐时称白沙堤，宋时称孤山路，今复称孤山路。

◎链　接◎

西泠印社始创于清光绪十九年（1903），是一个以艺术大师吴昌硕为首的专研六艺篆刻艺事的民间学术团体。以“浙派”为基础，首任社长吴昌硕，社员遍布国内外。以“保存金石，研究印学”为宗旨，为中国篆刻艺术的继承和发展作出了重要贡献。社内有四照阁、题襟馆、观乐楼、仰贤亭、山川雨露图书室、柏堂、竹阁、印泉、华严经塔等。建筑依山取势，错落有致，堪称江南园林佳作，并存有汉三老讳字忌日碑、画像刻石以及廿八印人像等珍贵碑刻、摩崖、造像。

现在西泠印社的社址是由丁仁、王禔、吴隐、叶铭四个印社创始人出资买下来的，当时买下孤山南麓5.878亩的土地，以建印社。买山建社之初，款项几乎都是四人捐的，后来社员也纷纷解囊。

西泠印社中的建筑，也是1904年以后陆续建起的，像遁庵、潜泉、还朴精庐、鉴亭和观乐楼，都是吴隐建的，鹤庐是丁仁建的，而小盘谷原为一李姓布政使的私家园林，王禔和其孙私交甚好，劝说对方在1911年捐给了印社。

何氏女科

○创建于中华民国二十四年（1935）○

何氏女科

◎寿山堂原为杭州名医何九香堂名。清末民初，何九香在杭州石牌楼（今清泰街与建国中路交叉口）淳佑桥东购地两亩多，筑瓦屋数楹，悬壶济世，治病救人。时日一长，颇负盛名，以“石牌楼何氏女科”挂牌接诊。何九香儿子何稺香、孙子何少山均子承父业，敬业爱民，遂成三代名医。

◎建筑现状◎

◎何氏女科即何少山旧居，位于建国中路锅子弄34号。

◎建筑结构及特色◎

何氏诊所沿建国中路一溜五开间大厅，对外开放，进得门来，是座轿厅，过了轿厅，左右为厢房，后有辅房，建筑平面为四合院格局。1935年间，诊所业务扩大，何氏以大洋万余元在院中建造了一座三开间三进深三层的青砖楼房，即“寿山堂”主体建筑。共有房间近二十间，建筑面积约五百多平方米。楼以清水砖作，洋瓦覆顶，拼花地板，水磨地坪，底层为内门廊，二楼设大阳台，左右呈转角楼状。漂亮的建筑配上花木扶疏的庭院，熏着寿山堂的药香，好一处疗伤养病、修身静心之地！

◎链　接◎

何氏女科即何少山旧居，雅称“寿山堂”。

至1949年，杭州市中医诊所有54家，何九香的诊所名列妇科之首，由此可见何氏的医术之精湛。春秋更替，寿山堂格局时有变化，何氏三代名医也离我们而去。好在主楼尚存，花园犹在，何氏家族的第四代名医也已出道，青胜于蓝。寿山堂院中的老桂和界碑默默地见证着这一切。

興業銀行

○创建于清光绪三十三年（1907）○

浙江兴业银行

◎清光绪三十一年（1905），修建沪杭铁路总理汤寿潜、副理刘锦藻等发起创办浙江铁路公司，自办沪杭甬铁路。次年10月，公司附设铁路银行。光绪三十三年（1907），呈准设立浙江兴业银行。由号称“蒋半城”的蒋抑卮以董事职掌实权。蒋抑卮积极参与汤、刘等发起的“保路拒款”运动，并倡议设立浙江兴业银行，说服其父认购垫资十余万元。

◎建筑现状◎

◎浙江兴业银行，旧址位于上城区中山中路261号。

◎1997年8月，浙江省人民政府确定这座近代典型金融建筑为浙江省文物保护单位。

◎建筑结构及特色◎

银行大楼旧址坐西朝东，始建于1923年，占地3.385亩，建筑面积3487.42平方米。主体为钢筋混凝土结构的五开间三层西式古典主义建筑。作为民国北洋政府时期全国最大的一家商业银行及欧洲古典主义风格的早期金融建筑，其布局十分合理，一层安排营业及办公用房，二层供住宿与阅览，三层用作藏书、健身与娱乐，地下层为金库。全楼有大小房间78间。

该建筑东面及北面临街，入口台阶两边弧形石鼓上为爱奥尼克双柱式门楼、门面、台阶，柱身采用苏州金山花岗岩，建筑中部冠戴高突的圆顶，强调出建筑物的主轴线和宏伟气势。外立面则采用了古典主义的装饰手法，整栋大楼外层由条石砌成，门窗、门楼、屋檐下都用条石雕花装饰，显得稳重、坚实而气派；落地门窗的基本特征为折衷主义风格的三段式，上面是拱顶，中间为门柱，下有石雕阳台。而建筑内部用材和装修更为考究，里面的高档木料如红木、紫檀、黄杨等大部分是从蒋抑卮居住的胡雪岩故居中购得。大厅内用石膏雕花吊顶，做成卷棚，两侧各有十几根爱奥尼克立柱。窗台、拱券、窗楣、阳台、栏杆、檐口、铁栅等细部花饰更是做工精细、变化丰富，力求创造富丽堂皇的装饰效果。

此建筑落成后，即以其雄伟大气的造型，精致得体的装饰，适度和谐的比例和协调有序的布局给人留下了深刻的印象，成为杭州老城的标志性建筑，也为后人留下了一本“石头写成的著作”。而这本“著作”的作者，正是杭州人氏沈理源，他是我国第一代留学意大利的建筑师，曾为北京大学建筑系教授。

◎链 接◎

沈理源（1890—1950），字锡爵，原名琛，杭州人。1908年毕业于上海南洋中学，同年入意大利拿波里大学，初读土木水利工程，后转入建筑工程攻读建筑学。1915年回国后，任黄河水利委员会工程师，不久转向建筑设计工作。1918年与他人完成了北京前门劝业场复原设计，1920年完成北京东华门大街真光电影院建筑设计，同年还完成杭州胡雪岩故居总平面测绘工作。于1920年加入天津华信工程公司，在京津一带开展建筑设计工作，并成为该工程公司的主持人。

此外，1928—1934年在国立北平大学艺术学院建筑系任教授，1938—1950年任北京大学工学院建筑系教授，1937—1950年还兼任天津工商学院教授。解放后，曾兼任中央人民政府贸易部总工程师和天津市建设委员会总工程师。

沈理源的主要设计作品有：北京珠市口开明影院，清华大学化学馆、机械馆、航空馆、电机馆，新林院住宅区规划设计，杭州浙江兴业银行，天津浙江兴业银行，天津盐业银行，中华汇业银行，天津新华信托银行，中南银行，金城银行，王占元住宅，孙传芳公馆，上海中华劝工银行等。

在大学教学工作中，除讲授建筑设计课之外，还讲授西洋建筑史。曾将福莱彻尔著《比较世界建筑史》一书中西洋建筑部分译成中文，它是我国第一部中文版西洋建筑史教材。

巴洛克建筑

◎巴洛克建筑是17—18世纪在意大利文艺复兴建筑基础上发展起来的一种建筑和装饰风格。其特点是外形自由，追求动态，喜好富丽的装饰和雕刻、强烈的色彩，常用穿插的曲面和椭圆形空间。“巴洛克”一词的原意是奇异古怪，古典主义者用它来称呼这种被认为是离经叛道的建筑风格。这种风格在反对僵化的古典形式，追求自由奔放的格调和表达世俗情趣等方面起了重要作用，对城市广场、园林艺术以至文学艺术部门都产生影响，一度在欧洲广泛流行。

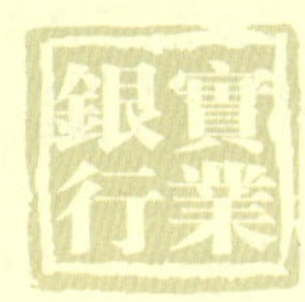
實業
銀行

◎浙江实业银行旧址于2000年7月被列入中山中路近代建筑群属杭州市市级文物保护单位。

○创建于中华民国十四年（1925）○

浙江实业银行

◎鸦片战争以后，西风东渐，中国的金融建筑大多以欧洲古典主义为摹本，外立面采用以罗马柱式为比例的古典主义风格，内部布置也强调古典主义的装饰手法，杭州中山中路的金融建筑也是如此。

◎浙江实业银行的前身是浙江银行，成立于1909年，1925年改组为“浙江实业银行”，1948年改为浙江第一商业银行。该行曾参与建设我国第一座公铁两用的钱江大桥等实业投资，在江浙财团中占有举足轻重的地位。“七君子”之一的章乃器先生曾在该行供职多年。

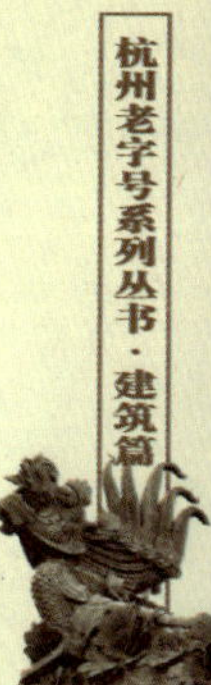

◎建筑结构及特色◎

浙江实业行旧址始建于民国初年，现存建筑建于1925年，占地面积0.80亩，建筑面积1200平方米，房间30个，为钢骨水泥四层西式建筑。大楼造型简洁，外观坚固，装饰考究，并设有地库。楼内窗架、电灯开关、把手等构件均用黄铜制作，地板用硬质柚木铺设，为杭州近代建筑中保存最为完好的建筑之一，原汁原味，非常难得。

◎建筑现状◎

◎浙江实业银行旧址位于上城区中山中路193-3号、甘泽坊巷9号。现为浙江省糖业烟酒公司办公楼。

◎链　接◎

章乃器（1897—1977），原名间埏，字子伟，又字金峰，浙江青田东源（今小源）人，救国会“七君子”之一，中国近代史上一位特立独行的爱国民主先驱，著名的经济学家和银行家。章乃器曾创建中国近代史上两个著名的民主政党——救国会和民主建国会。但为了坚持自己的政治主张，又先后离开这两个政党。

章乃器少年时曾投笔从戎，参加辛亥革命，后长期服务于银行界、工商界，是中国知识分子中先知先觉型的代表人物。

20世纪30年代章乃器任浙江实业银行副经理时，创立国内首家中国人办的信用调查机构——中国证信所。他主张实现国家币制的统一，创议以“信用扩张”代替通货膨胀，加快资本流通，建立现代化的资金市场和证券市场。1935年与宋庆龄、沈钧儒等组织救国会，主张停止内战，一致抗日，并因此被捕入狱，成为著名的救国会“七君子”之一。

1949年以后，章乃器历任政务院政务委员、全国政协常委等职，1952年出任国家首任粮食部长。作为一位杰出的理财家，他参与制定粮食统购统销的重大政策，首创粮票制度，基本解决了六亿人口的吃饭问题。他提出粮食的科学加工、储运等管理目标，确立了经济核算制。半个世纪来的中国粮政史上，只有20世纪50年代有利润赢余。

1966年“文化大革命”爆发，章乃器受到残酷迫害，晚年在逆境中仍时时以国家民族为念。1977年5月13日在北京逝世，享年80岁。1980年“右派”错案平反。遗著有：《章乃器论文选》、《中国货币金融问题》、《激流集》、《出狱前后》、《论中国经济的改造》、《章乃器文集》等。

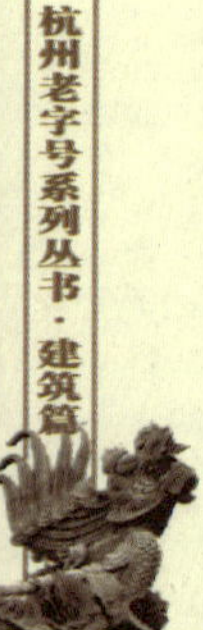

○创建于中华民国十八年（1929）○

中国盐业银行杭州支行

◎中国盐业银行杭州支行旧址始建于1929年1月，原业主为“瑞芝堂”邵氏。1930年2月，北方的大银行——中国盐业银行在杭分行（后称上海支行）向邵氏买进，作为办公营业楼。

◎建筑现状◎

◎中国盐业银行杭州支行，旧址位于上城区中山中路415号，玄坛里旁。现为税务机关办公楼。

◎建筑结构及特色◎

中国盐业银行杭州支行旧址为一幢三层楼的钢骨水泥洋瓦的西式金融建筑，占地面积1.748亩，建筑面积共1579平方米，有大小厅室63间。该楼为框架结构，石、砖、木混用，辅之以高档水泥和钢筋。外观式样采用欧洲现代主义的装饰风格，墙体以竖线条为主，门框、窗檐则用横线条和山花石雕略加修饰。整体感觉线条流畅，大气大方，严谨肃穆，与该建筑的金融功能相吻合。楼内一如所有老房子一样，四米多的层高，白色的石膏天花，深色的拼花地板，豪华舒适，空阔而透气。该楼还设有金库、冷热水管及卫生设备，在20世纪30年代初的杭州，此类建筑可谓凤毛麟角，堪称一流。它与中山中路上的兴业银行大楼、实业银行大楼和地方银行大楼等共同组成了一道西式金融建筑的怀旧风景线，令人驻足。

建国后，盐业银行移交合并于中国人民银行，此地为中国人民银行办公场所。现为税务机关办公楼。远远望去，这幢华屋有的只是洗尽铅华后的那种淡淡的旧时风韵。

链接·中山中路商业建筑群

民国时期拍摄的中山中路

话说中山路

中山路南连凤山路，北至朝晖路接河东路，以鼓楼、众安桥为界分别称中山南、中、北路。南宋时为皇帝至景灵宫祀祖御道，名御街(南起和宁门，北至天水院桥，西折至万寿亭)。明嘉靖后渐为民居占用，官道遂狭。民国时拓宽建路，分段赋名，自南而北称：凤山门大街、凤山门直街、大学士牌楼、察院前直街、水师前直街、清河坊、太平坊、保佑坊、寿安坊、里仁坊、弼教坊、同春坊、小学前、观桥街、孝子坊等。抗战胜利后为纪念孙中山先生，统名中山路。

链接·中山中路商业建筑群

■当年小有名气的泰昶皮鞋店　■中华老字号边福茂的分号　■当年著名的万源绸庄

◎千年沧桑◎

杭州市的中山中路上通江干，下连湖墅，背山带水，自古繁华。从鼓楼至官巷口，原分清河坊、太平坊、保佑坊、羊坝头、三元坊五段，每段起点筑有圆拱门，拱门上方嵌有石刻坊名，门下装有木栅大门，设有救火用大水缸。清末民初，中山中路已初步形成以地方传统店铺为主，间杂西式商业建筑的商业闹市。上世纪20年代，拆去门栅，拓宽马路，铺浇沥青，中山中路两旁的店家更是趁此良机建房筑屋，西式商店的洋化门面日渐风行，商贸金融在这条杭城最古老的南北大道上迅速聚集，鳞次栉比。

其时，银钱业、百货业、绸庄、布店、南北货业、药业、鞋业、扇业、茶叶店、剪刀业、文具店、纸业、钟表眼镜店、饮食店、茶座、民信局、化妆品店、卖衣业、颜料店、铜锡店……各行各业，林林总总，洋洋

■中华老字号九芝斋　■张允升百货店已成为追忆

洒洒，都可在这条街上找到它们的“领头羊”，如朱养心药室、张小泉剪刀店、胡庆余堂国药店、叶种德堂、万隆火腿栈、张允升百货线帽店、孔凤春香粉店、王星记扇庄、毛源昌眼镜店、兴业银行、地方银行、实业银行、中国银行、农民银行、中华书局、商务印书馆、邵芝岩笔店、官巷口邮局、高义泰布店、边福茂鞋店、状元馆、九纶棉布店、万源绸庄、亨达利钟表店……百年老店长盛不衰。

这些商业建筑或白墙黑瓦，古朴淡雅；或雕饰繁复，欧味十足；或中西结合，取长补短；大都两层高，三五开间门面，呈现出古今交融、中西合璧、新旧交替的近代商业建筑的特点与亮点。它们错落有致、大小有序地排列在街宽8至14米不等的马路上，高度、体量、色彩、风格协调得当。这条道路的景观也可赏可玩，商业建筑的特色、街道的空间尺度和延续的界面和谐得体。漫步其间，恍若走进了一幅近代“清明上河图”的意境之中，喧闹之间，却也感受到中山中路千年的沧桑和丰富的积淀。

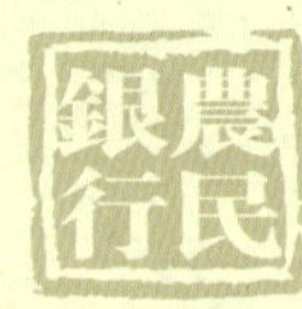

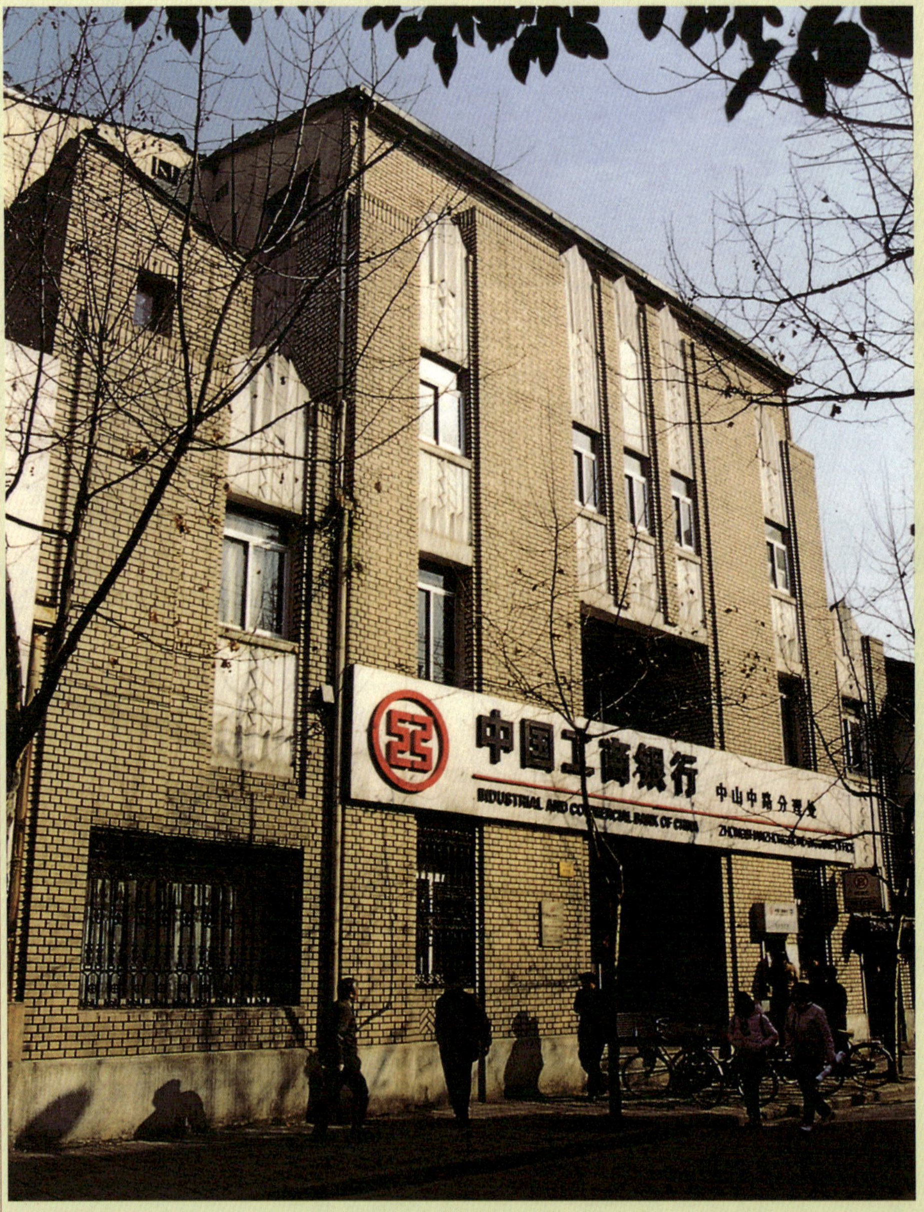

○创建于中华民国二十四年（1935）○

杭州农民银行

◎建筑现状◎

◎杭州农民银行，旧址位于中山中路116号，现为中国工商银行解放路支行中山中路分理处。

◎建筑结构及特色◎

大楼系一幢四开间三层楼房，钢骨水泥结构，外立面采用简洁明快的欧州现代主义风格，不事雕饰。大面积的面砖贴墙，将整个主立面分割成宽墙窄窗竖线条，给人一种高大巍峨的视觉冲击，以吸引路人的眼球。走进宽大的内门廊，上楼的楼梯却陡而窄，扶着铸铁扶手栏杆曲折而上，二楼的房间都设有粗壮的铁栅，据说这样的楼梯和窗上的铁栅设置都是为了二楼库房的安全。

大楼前店后住，下店上铺，二楼的后楼及整个三楼为办公室及宿舍，楼顶是个平顶晒台。整幢建筑占地面积不到两亩，建筑面积四百多平方米，有房间二十余个，算是一个中等规模的银行机构。该大楼的建筑风格既不同于街对面的浙江实业银行大楼，也有别于浙江地方银行大楼和浙江兴业银行大楼的建筑风格，相对而言，它更显年轻，更为现代，所以至今仍在中山中路的商业建筑中鹤立鸡群。

◎链　接◎

杭州农民银行的前身为豫鄂皖赣四省农民银行，是办理农业贷款的专业银行。1935年2月11日，该行设办事处于杭州忠清巷。次年，改杭州办事处为中国农民银行杭州分行。主要业务仍是着重支持农业生产、农具改良及农民合作社放款，也办理储蓄业务。抗日战争时搬迁至永康、龙泉继续营业。1945年10月抗战胜利，杭州农民银行在中山中路新址复业。

○创建于中华民国二十四年（1935）○

中央信托局杭州分局

◎1935年10月，中央信托局杭州代理处开始营业；抗日战争时期，随中央银行杭州分行撤退内地；1946年4月，杭州分局独立设于杭州中正街（即迎紫路）114号。该局经营储蓄、受托采办、信托、保险、保管等业务。

◎建筑现状◎

◎中央信托局杭州分局旧址位于解放路（民国时称迎紫路）203号，现为中国光大银行杭州分行解放路支行。

◎建筑结构及特色◎

中央信托局杭州分局是一幢体量较大的西式金融建筑，风格为欧州现代主义。大楼占地面积一亩多，三开间四层楼，进深四间，共有房间二十余个，建筑面积五百多平方米。大楼内部装潢考究，一楼为水磨石地坪，水泥台阶；楼上则用柚木地板拼嵌，打蜡上光；外立面采用小格钢窗，以及高标号水泥粉刷墙面，远远望去，有一种金融建筑的稳重大方和豪华洋气的高贵气息。

据说，当年蒋经国在上海“打虎”，掌握金融。他周末回杭州断桥别墅休息时，常去时称中正街的中央信托局杭州分局大楼“视察指导”。

解放后，大楼用途多次更改，现仍由金融机构使用。

话说解放路

■解放路东起环城东路金衙庄，西接南山路，自东而西宋称丰乐坊、义和坊、泰安坊、甘泉坊；清名金衙庄、珍珠巷、葵巷、横大方伯、官巷口、迎紫门大街、井亭大街、院后街。后三街在清旗营内，民国时统称迎紫路。官巷口以东至葵巷统称新民路。1946年两路合并改名为中正街。1949年杭州解放，改名解放路。1959年拆并珍珠巷、金衙庄东延至环城东路。

萬源綢莊

○创建于清光绪三十三年（1907）○

万源绸庄

◎旧时绸缎门市店都称绸庄，布店门市仍称布店，绸庄不卖布，布店不卖绸。中山中路一带的“恒丰绸庄”、“万源绸庄”、“成章绸庄”三家资力雄厚，备货齐全，名气最大。其中“恒丰”是墙门店面，内设柜台；“万源”、“成章”均面街敞开设柜，而又以陈丽生开设的“万源”之门面最为豪华气派。

◎建筑现状◎

◎万源绸庄，位于上城区中山中路与西湖大道交叉口的东南角，原为中山中路212号。该绸庄建筑正立面保存完好，建筑后部及内装修在西湖大道工程中被毁。现为杭州市文物保护单位。

◎建筑结构及特色◎

万源绸庄前临中山中路，后靠光复路，前为一四层五开间西洋建筑，坐东朝西，顶部筑有两个圆亭。外立面呈橘红色，倚柱、门窗、屋檐及内部线脚装饰精致，变化多端。外墙浮雕细致美观，圆窗，券门，方阳台。外观呈现出一种欧洲古典主义的建筑风格，是中山中路商业建筑群中最为精美的优秀近代建筑之一。后为一中式庭院建筑，有花园、厅室、厢房及假山花草等。整个绸庄东西进深达六七十米之多。同时，老板陈丽生在绸庄附近买地建房，以供租用。

新泰旅館

○创建于中华民国二十三年（1934）○

新泰旅馆

◎新泰旅馆（中湖饭店、新湖饭店）是当年杭州旅馆业的重要成员。原业主为杭城工商界知名人士涂吉生。1947年，该建筑由其孙涂定戡等继承，同年出租给中湖饭店作为旅馆及咖啡馆使用。解放后，涂定戡等将产权卖给公私合营浙江企业公司，作为浙江旅馆用房。新湖滨建设之前，该房底层为工商银行湖滨分理处，二层为杭州市职工医疗门诊部。

◎建筑现状◎

◎2003年夏，在新湖滨的建设过程中，新泰饭店这座原民国老建筑行将拆除，后由于该建筑的特殊性和本身价值所在，经杭州市文保所认定，市委、市政府决定对中湖饭店予以整体迁移保护。在整体向南"走"了五米之后，遵循"保护第一"的原则，妥善地修旧如旧，完成了整体搬迁，使新湖滨的建筑风貌更加和谐动人。

◎建筑结构及特色◎

新泰旅馆建于1934年，两层多开间，占地700多平方米，建筑面积1450平方米。有客房百余间，床位二百余张。

新泰旅馆是具有民国时期典型的中西合璧风格的近代优秀建筑。砖木结构，粉墙黛瓦，挑檐回廊，雕栏玉砌，木格门窗，院中设有天井、鱼池；建筑立面造型和线条呈简洁的西式风格，人字形的山墙坡顶小青瓦却是鲜明的中式风格；梁架是典型的民国时期常用的人字形屋架，有趣的是在混凝土浇注的同时还使用带石柱础的木结构柱子；楼内两部木楼梯左右对称，红漆的木地板做工考究；里面的脸盆、浴缸、镜子、沙发、铜床等都留有当时豪华的西式风格。

新泰旅馆原先的前门开在延安路，后门是湖滨路，前面是喧闹和时尚，后面是宁静和历史，如同它中西结合的建筑风格一样，传统与现实很好地融合在一起，故而颇受八方游客的青睐。

1980年，新泰旅馆并入相邻的环湖旅馆，1987年称环湖饭店，1992年称环湖大酒店。现环湖大酒店已拆，而保留了一个时代记忆的新泰饭店却幸运地保护了下来，并重放光彩。

◎链　接◎

■徐吉生(1864—1934)，又名益庆，安昌盛陵村人。早年家境贫寒，耕作度日。七岁人学，三年私塾后到杭州"瑞云公记绸庄"当学徒。光绪二十六年（1900）与人合资创办"吉祥恒绸庄"。1912年独资开办杭州"庆成绸庄"，产品销往苏、浙、皖、赣等地。1924年改名为"庆成缫丝厂"。随之又创办"南通华丰垦殖公司"、"茂庆林牧场"、"新新丝厂"，在上海合资开办"祥纶丝厂"、"上海织造厂"等。1930年受国际经济不景气与国内战争影响，沪、杭不少丝绸厂相继倒闭，但他父子三人竭力支撑，度过难关。徐吉生热心教育事业，民国五年（1916）出资创办私立吉生小学，学生数十人，免费人学，毕业后可推荐到"吉生布厂"、"庆成绸厂"做工。后学校规模逐步扩大，学生达三百余人。清末时推任杭州商会会董，民国初为杭县自治会议员。1934年12月突患脑溢血在杭病逝，享年71岁。

群英饭店

○创建于中华民国二十三年（1934）○

群英饭店

◎群英饭店（清泰第二旅馆），原先位于湖滨路，后搬迁至仁和路重建。1933年改名新泰旅馆，后又改名新泰饭店，现名为群英饭店。

◎建筑现状◎

◎群英饭店位于上城区仁和路44号，旧址保存基本完好，现名为杭州群英饭店。

◎建筑结构及特色◎

群英饭店大门门楼为仿欧洲古典主义的装饰风格，突出建筑的竖线条，顶端设多个尖顶，直刺云天，墙面采用欧式面砖。旅馆主体建筑为砖木结构的两层转角走马楼的三进院落，建筑平面呈“回”字形。每进院落有天井鱼池、树木花草，上下两层皆用回廊贯通，红色的柱、梁形成很好的空间韵律，建筑装饰十分简洁，以直线条为主，建筑整体十分协调，颇具江南园林建筑之胜。旅馆占地2130平方米，建筑面积3575平方米，共有客房110间，是当时杭州的高档旅馆之一。

◎链　接◎

■1916年8月16日，孙中山先生来杭，就下榻原位于湖滨路的群英饭店第26号房间，共四天。1928年7月，鲁迅先生和夫人许广平来杭也下榻群英饭店。1932年5月15日至16日，韩国临时政府在旅馆秘密召开了国务会议，商讨日后独立运动的活动计划，旅馆的第32号房间还成为韩国临时政府的办公处之一。

方裕和

◎建筑现状◎

◎方宅，位于上城区河坊街190–2号。

○创建于清光绪七年（1881）○

方裕和宅店

◎方裕和南北货店，清光绪七年（1881）开设于杭州清河坊，创办人方仰峰，宁波镇海人，系旅沪巨商。先后聘陆伯笙、王宝联、方积芗等为经理。经营南北货，独家经销“雪舫蒋腿”，自制蜜饯、糕饼、蜡烛等，成为杭州南北货行业的魁首。“裕财聚货南北，和声翔浙东西”，可见当时经营范围之广和声名之盛。至民国二十六年（1937），已积资金三十余万元，年营业额四十万元，有职工一百三十余人。杭州沦陷时，栈房被日军强作马槽，损失惨重。

杭州解放前夕，业务衰减。1956年公私合营后始见好转，“文化大革命”中改名为“崭新南北货店”，后恢复原名。

◎建筑结构及特色◎

方宅，位于上城区河坊街190－2号，是一处由四幢联排式石库门小楼组成的里弄住宅。

方宅坐北朝南，西侧为一条小弄堂，依次排列着四个石库门，每个门里面分别是一幢两层两开间的青砖小楼。小楼结构雷同，布局一致，用材相似，第一座石库门小楼已在河坊街改造过程中被拆除重建，其余三座建筑保存较好。方宅为百年老字号方裕和南北货店创立者方仰峰所建，是方氏家族在杭州的住所和活动场地。

1881年，方裕和南北货店开设于清河坊大街，石库门面。1927年拓宽中山中路时，翻造为四层楼欧式洋房，水泥砌就的墙面保持了这一建筑材料灰白的本色，而线条的分割给人以块石砌筑的感觉。屋檐和门窗上方的装饰性雕塑图案，外挑的阳台，则使建筑物的立面更趋丰富且更显气派。由于建有楼顶露台亭阁，方裕和南北货店屋顶的轮廓线在清河坊四个街角中显得最为丰富。中西建筑文化在方裕和建筑上相互交融并结为一体，使之具有中西合璧的显著特点。

倉富義

○创建于清朝年间○

富义仓

◎富义仓位于拱墅区湖墅街道的霞湾巷内，前临大运河，西近江涨桥。

◎建筑现状◎

◎现在整个仓库建筑群门牌号码为富义仓1－6号，建筑现状不容乐观。

◎建筑结构及特色◎

杭州在历朝都有储藏谷物的建筑，尤以南宋最多。清康熙末年至光绪初年，在运河沿线的宝善桥、霞湾港一带，先后兴建了“永济仓”、“盐义仓”、“富义仓”等大型仓库。

湖墅地区作为历史上京杭大运河南端的一个货物集散地，仓库特别多。富义仓是其中硕果仅存的一个古老仓库，有着一百多年的历史，是清朝的一个大粮仓。而现在的富义仓只剩下几排普通的砖木老屋和一座历经沧桑的门楼及门楼下青石叠砌的码头水埠。建国后其仓储功能也几经变迁，但它仍屹立在霞湾巷中，仿佛在告诉人们：这里是京杭大运河的终端，“我”是“天下粮仓”中的重要一员，是运河文化的实物见证。

富义仓现仅存一个破败的院落和一扇摇晃的院门，上书“社会主义联合大院”几个字，旁边有几间房屋已倒塌，部分房屋仍有居民居住。

前些时候，几排仓房已推倒了两排，目前富义仓的拆除行动已全部停止，准备按综合整体保护规划进行恢复性修缮。对富义仓全部建筑予以保留，对已拆除的部分建筑物将以原有房屋范围，用原有材料、按原有风貌，原汁原味地修复，包括仓库和码头。

话说霞湾巷

■霞湾巷，东起吴家石桥，西至大兜路南端。明时称衖湾巷，后音讹为霞湾巷。1966年改名东新巷，1981年复名霞湾巷。

○建镇始于南宋前○

三墩老街商宅

◎三墩，杭州西北部的水乡古镇，自古繁华，曾有“武林门外半爿天”之誉。而镇上五里塘河畔上的老街——陈家桥南街则是“半爿天”的历史缩影，也有“陈家桥上看三墩”之谚。三墩，古称兰里。以文星墩、灯彩墩、水月墩三个高出水面的土墩而得名。建镇始于南宋前。

元宵灯会

◎三墩元宵灯会历史悠久，正月十五这天最为热闹。民间都以行业店铺为单位制作各式彩灯，入夜上街游行。街道两旁家家户户都张灯结彩，欢度元宵佳节。各种彩灯争奇斗艳，其中以龙灯气魄最大，狮子灯最活跃，拳灯最威武，花灯则文雅而有浓郁的乡土气息。

◎建筑结构及特色◎

三墩古镇的老街与它的两条横弄范家湾及中学弄构成了当年的繁华之地，短短的一华里路段，小小的两百米半径，这一带聚集了三百多家店铺，街上沿五里塘河一侧是平房，另一侧则是楼房，都是店铺。中间的街道只有三米宽，铺着青石板，基本上被两边的屋檐所遮蔽，人来人往，很是热闹，人称“小上海”。在中学弄口开了一家当铺的朱家则是众多店铺中的翘楚。朱家拥有土地43.45亩，房屋数百间，米行7爿、酿造作坊8家。而在范家湾路2号及陈家桥南街 2号开设纸行和广货店的钱家，则占据了陈家桥堍十几间房的最佳市口，生意也做得“野豁豁”。至今那里仍嵌有“钱姓墙界”的大石碑，见证着当年的荣华。从现存的陈家桥南街1－36号老屋依次排列，当时的商铺为 纸行、广货店、豆腐店、面店、“穗仁”酒店、陈氏诊所、丁氏银楼、朱氏当铺……林林总总，洋洋洒洒，仍有不少遗迹可寻。此情此景，就如著名作家叶圣陶笔下的水乡商肆风韵：

万盛米行的河埠头，横七竖八停泊着乡村里出来的敞口船。船里装载的是新米，把船身压得很低。齐舷般的菜叶和垃圾给白腻的泡沫包围着，一漾一漾地，填没了这船和那船之间的空隙。河埠上去是仅容两三个人并排走的街道。万盛米行就在街道的那一边。朝晨的太阳光从破了的明瓦天棚斜射下来，光柱子落在柜台外面晃动着的几顶旧毡帽上。

三墩古镇商市富庶繁盛，但街巷窄而逼仄，石板铺地，蜿蜒前伸。鳞次栉比的店铺商家大都是临街枕河，规模一般都不大，一二三开间而已。许多商品如铁器、竹编、木器、绱鞋、寿品、砖灰、豆腐、米面等属家庭手工业产品，自产自销，因而镇上的店铺往往是“前店后宅”或“下店上宅”的形制。为了同时兼顾手工业生产，有些住宅还包含作坊的空间以作为家庭生产的场所，于是就有了“前店后坊”。中学弄一号的丁氏银楼就备有加工金银的后院。可见古镇的店铺不同于大城市中的商店，而大都是与店主本身的住宅相衔接的“林家铺子”。

小桥，流水，商家；风俗，民情，文化。三墩老街的前世今生都将镌刻于历史的记忆之中。

舶船各自靠右航行

50
以下
单向通行

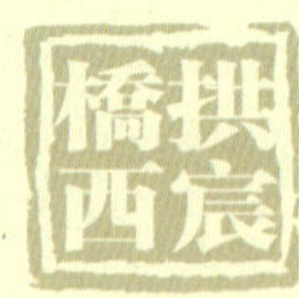

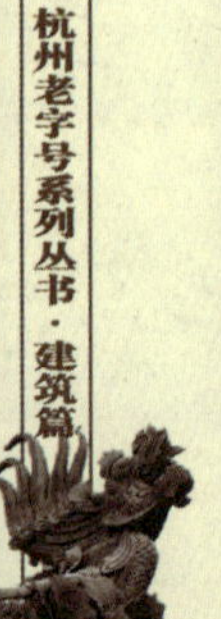

○约建于民国时期○

拱宸桥西近代建筑

◎在拱宸桥西的直街上走一走，在运河千年河埠头坐一坐，在有着百年历史的杭一棉老厂房里看一看，有一种恍若隔世的感觉。

◎建筑结构及特色◎

拱宸桥桥西直街 、桥弄街、天香弄一带的历史渊源可追溯到南宋时期，现存的街区风貌是晚清至民国时期的，但是河畔的建筑立面，其建筑基础的年代可以上溯到明代以前。能真正反映杭州运河历史风貌的街区，在杭州老城区仅此一处。

文化是一个历史街区的灵魂所在，拱宸桥西历史街区的突出特点是“传统”两字。在这块7.83公顷的历史街区中，曾真实地见证了清末民初地方城市建设的风貌特色，目前保存下来的不仅有近现代工业发展进程中的生产厂房、生产工具，同时还有部分非物质形态的内容，如生产、生活方式，饮食、礼仪、民俗、社会文化实体。这些历史文化的“存量资产”集中反映特定时期城市的民居、民俗、传统商业、近代工业等传统文化和历史底蕴。

拱宸桥西历史街区内有桥西直街、桥弄街、天香弄、通源里、如意里、敬胜里、吉祥寺巷……有拱宸桥、杭一棉厂房、高家花园、桑庐、怡萱堂……有“协和祥杂货店”、“谢梅春杂货店”、“德兴客栈”、“昼老大饭店”、“王永昌饭店”、“刘茂夺烧饼店”、“仁益堂药店”、“同福酱园”、“源大禹米店”、“冯全顺米店”、“王保全茶店”、“同春楼茶店”、“阿德茶店”、“阿三箍桶店”……

记住一幢建筑，就记住了一条老街，就记住了一段历史。在过去的岁月中，拱宸桥西也曾辉煌过，今天，在“老杭州”的记忆里，还很难抹去当年街上的“阿德茶店”、“同福酱园”等传统老店的影子。所有这些民居商铺、历史建筑，都是历史街区不可多得的实物形态和历史见证，都将在不久后实施的拱宸桥西历史街区保护工程中得到尊重，生活原貌和建筑文脉将得以延续。拱宸桥西近代建筑，杭州又一处历史街区的亮点。

電話局 浙江

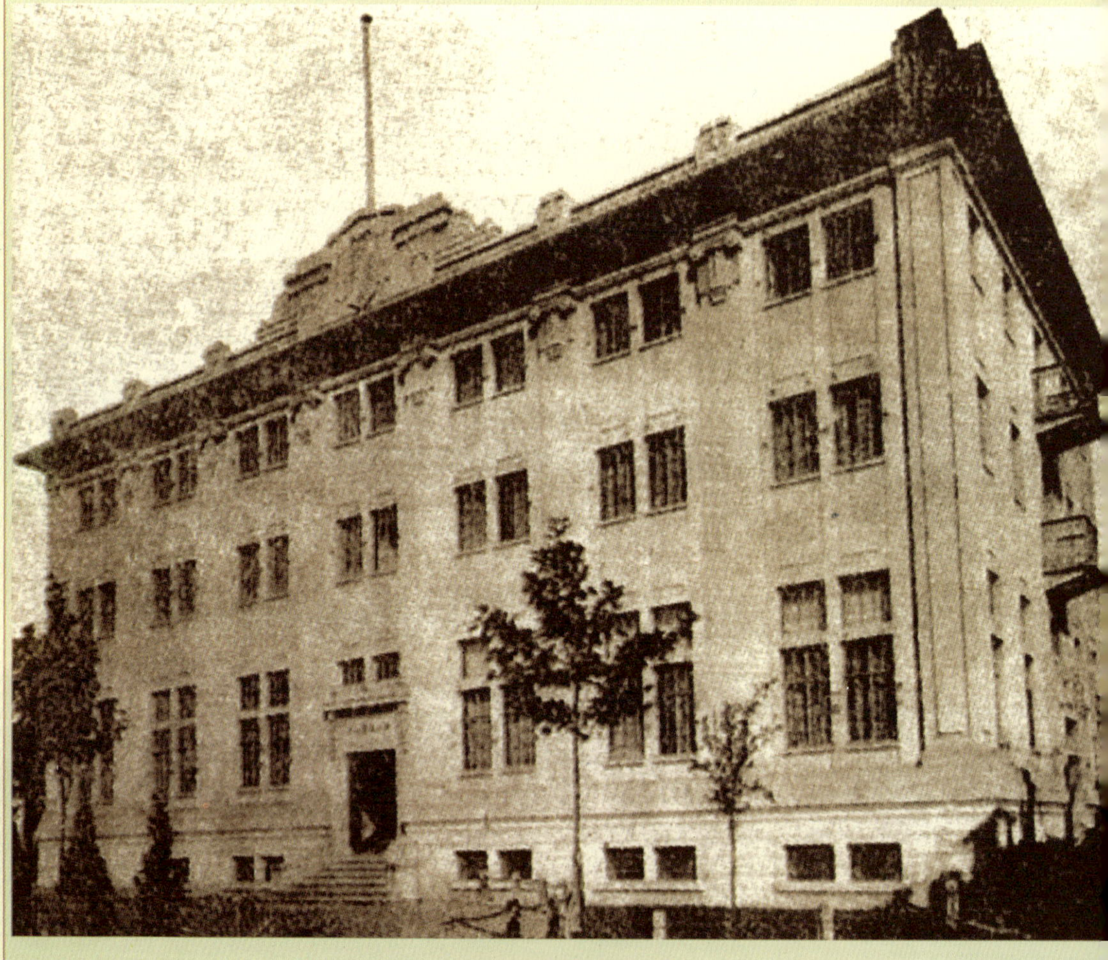

○创建于中华民国十八年（1929）○

浙江省电话局

◎据民国时期《申报》载："1929年12月9日，电话局址勘定，省电话局长李熙谋因该局即须组织成立，已勘定惠兴路雀家巷、钱线巷附近空地，克期施工建筑，经费16万余元。"

◎建筑现状◎

◎浙江省电话局旧址位于上城区惠兴路10号，现为“杭州电信陈列馆”。

◎建筑结构及特色◎

大楼占地面积达4.711亩，有一大一小两幢楼房，二层小楼为青砖实叠本瓦，建筑面积110.88平方米；四层七开间大厦为钢骨水泥结构，建筑面积1747.48平方米。整幢大厦建筑结构完整，建筑质量上佳，建筑立面简洁。该楼由英国建筑师设计，手法严谨；建筑外观上壁柱排列整齐，屋顶檐下山花、盾徽、瓔珞等浮雕精致和谐，装饰感由上而下逐渐丰美；整体建筑风格采用了西方公共建筑的现代主义风格，一眼望去，方正端庄，大气开放，实为杭州旧城难得一见之优秀公共建筑。杭州第一批程控交换机3万门、第一所电话营业部等，都是在这座楼里安的家。

◎链　接◎

1929年12月，杭州商办电话公司业务下滑，难以为继，按国民政府交通部指令，浙江省长途电话局出资33.68万元接收了商办电话公司。由此，长途电话、市内电话趋于统一，更名为浙江省电话局，随即在惠兴路中段兴建大厦，安装自动交换机。1930年6月，惠兴路大厦落成，浙江省电话局由将军路迁入新址，门牌为惠兴路24号。

1931年8月，著名学者赵曾珏接任浙江省电话局局长，业务颇有起色。1933年的《申报》称：“浙江省电话局由赵曾珏氏主持后，对于全省电信工程之设施，业务之整顿，不遗余力。上年度（1932年）突飞猛进，完成工作与营业收入，均比往年为优。”惠兴路电话局老楼曾于1950年和2000年两次大修，基本保持了原貌，该楼现为“杭州电信陈列馆”。

電氣公司

○创建于中华民国二十三年（1934）○

杭州电气公司

◎原杭州电气公司大楼背依吴山，面对中山中路，西邻大井巷，东傍鼓楼，是一幢砖石混合水门汀结构的四层九开间宏伟大厦。大厦占地面积三亩多，建筑面积一千两百余平方米，有房间六十余个。还有一层地下室建筑，虽规模较小、较浅，地基也仅用木桩、石丁、块石夯实，但在杭州已属凤毛麟角。

◎建筑现状◎

◎杭州电气公司位于中山中路15号原浙江电力仪表厂内。

◎建筑背景及历史◎

1907年2月，由南京工程师杨长清和杭州珠宝商金敬秋等发起创办的“浙江省杭江大有利电灯股份有限公司”，觅定杭州上城区板儿巷口（即今杭州电力局）为厂址。1909年改为官督商办，更名为“浙江省官商合股商办大有利电灯股份有限公司”。1910年8月，杭州大有利电灯公司发电厂建成，共有蒸汽引擎发电机3套、锅炉2台，总装机容量为750千瓦，同年中秋节发电。那天，灯月之光交辉，杭人诧为奇观，倾城上街观赏此前所未有的新鲜事儿。富有之家纷纷报装电灯。电厂为谋求发展、加强管理，聘杭州市商会会长王芗泉为总理，陈文卿为经理，吴毅庭为协理。电厂在全市通衢遍树圆型电杆木近万根，每隔40－50米植木一根，每根高近10米，上装路灯一盏，彻夜不熄，行旅称便。

1919年，杭州机织业得到发展，纷纷将木织机改为电动铁织机。加以其他轻工业的发展，供电范围逐渐扩展至江干、湖墅、拱宸桥等地，电力供应紧张。当时板儿巷发电厂水源不足、运煤不便，业务难以发展。经董事会决定，在艮山门外筹建分厂。1922年，艮山门第一分厂的第一台机组上马发电。至此，公司发电重心移到艮山门分厂。杭州大有利电灯股份有限公司在板儿巷和艮山门两厂共拥有8台机组，总装机容量为7250千瓦。

1932年9月，浙江省省府会议决定将新旧电厂全部资金、设备和电器事业专营权以法币660万元让与“企信银团”，并订立《让与合同》及30年期限的《电气专营权协定书》。1932年10月，闸口电厂建成发电，总容量为1.5万千瓦，输配电电压有5千伏和14千伏两种，供电能力为当时全省之冠。该厂与南京下关电厂、上海杨树浦电厂为江南地区的三大发电厂。

1933年1月1日，股东会决定改组杭州电厂为“杭州电气股份有限公司”，资本300万元，并成立董事会，设管理处于上海。推李铭、周宗良、

金润泉、李叔时、翁谊安为常务董事，李铭为董事长。李铭时为浙江实业银行董事长、上海银行业同业公会主席，是江浙财团中无可争议的核心成员，他与美商上海电力公司关系密切，多有业务往来。

此时，公司董事会决定在中山中路大井巷口的鼓楼筹建办公大楼。1934年5月，杭州电气公司暨总厂办公大楼建成，公司办事处随即从板儿巷迁入，营业场所亦设于大楼底层。

大楼兴建，业务日升，直至解放后收归国有，由电力系统使用至今。

◎建筑结构及特色◎

大楼背依吴山，面对中山中路，西邻大井巷，东傍鼓楼，是一幢砖石混合水门汀结构的四层九开间宏伟大厦。大门上方嵌有大钟一口，穿过水磨石地坪铺设的门廊是转角楼梯，楼梯台阶至今还嵌有铜线装饰，楼上房间宽敞明亮，高大轩昂，用高档木料和钢窗装潢地板和门窗，豪华气派。大楼外立面以竖线条为主，分割成若干平面，仪态端庄，简洁大方，属西方现代主义风格的建筑样式，在鼓楼和中山中路南段惟此一家。

◎链　接◎

◎李　铭◎

李铭（1887-1966），字馥荪，浙江绍兴市人。清宣统二年（1910）毕业于日本山口高等商业学校，曾任浙江地方银行上海分行副经理，浙江实业银行董事长兼总经理，中国银行、交通银行董事。民国十八年（1929），兼任美商上海电力公司美方顾问，后兼任杭州电力公司董事长。民国二十四年（1935），上海电业第一家中美合资沪西电力股份公司成立，李铭任董事。民国三十年（1941）去美国，继续担任浙江实业银行和中美合资沪西电力公司董事。抗日战争胜利后回国，上海解放前夕去香港，任浙江第一商业银行董事长。1966年10月病逝于香港，享年79岁。

西華
大樓

亨得利
茶

◎建筑现状◎

◎西华大楼建成后一直为电力公司的办公楼，现为浙江省电力器材公司的所在，门牌号码是解放路124号。

○创建于中华民国二十四年（1935）○

西华大楼

◎这幢动工于1935年，竣工于1936年的大厦一经落成，即成为井亭桥官巷口一带的标志性建筑。当时有人撰文赞曰："杭州之欧式建筑，首推杭州城站……今年井亭桥畔之西华大厦又以七层高楼矗立吾人眼前，崇楼杰阁，此时遂可睥睨杭市。"杭州市民也亲切地称呼20米高的西华大厦为"七重天"。

◎建筑背景及历史◎

杭州旧时建筑，多为一至二层的泥木结构，荷载较轻，一般采用素土夯实后铺石板，上设柱石作为基础。民国初期，开始出现二至三层的砖混结构建筑。直至20世纪二三十年代，在中山中路、井亭桥一带开始出现砖石混合结构和水门汀（水泥）结构的"洋"楼建筑，如汇丰银行、荐桥洋行、西华大楼等。西华大楼位于上城区解放路与浣纱路交叉口的井亭桥边，为当年杭州的最高建筑，俗称"七重天"。因其底层为"西华眼镜店"，故名西华大楼。

◎建筑结构及特色◎

西华大楼占地面积1.35亩，建筑面积一千多平方米，共有房间数十个，其西侧为六层，东侧为七层，南邻解放路，北近平远里，建筑风格仿欧洲现代主义，立面以竖线条为主，不事雕饰，简洁明快。大楼用钢筋水泥浇砌地基和外墙，一楼地坪以水磨石或水泥铺设，二楼以上则采用钢窗蜡地板，整幢建筑朴素大方，富有现代主义气息。

浙贛鐵路

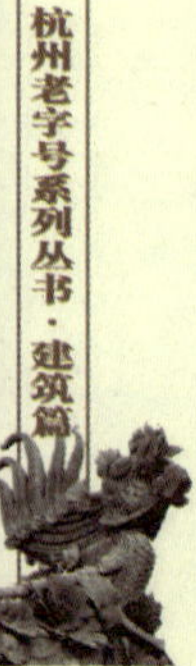

◎建筑现状◎

◎浙赣铁路局旧址位于北山路13号，现为杭州铁路分局党校。

○创建于中华民国三十六年（1947）○

浙赣铁路局

◎于1947年破土动工的浙赣铁路局终于在1948年建成，为庆贺大楼落成，浙赣铁路局于当年的11月3日晚特邀请了著名小提琴演奏家马思聪和夫人王慕理来大厦举办音乐演奏会，新大楼的顶层有一个可容纳千余人的大礼堂。该大楼是民国时期北山街上所建的最后一座大楼，后为铁路系统接管，一直使用至今。

◎北山路东接白沙路，西至灵隐路。因路沿西湖北山之麓得名。民国时分段称岳王路、北山路、东山弄、大闸路、静江路、石塔儿头。建国后称北山街、环湖北路，后改名北山路。

◎建筑背景及历史◎

浙赣铁路局成立于1934年3月，由浙江省建设厅厅长曾养甫任董事长，杜镇远任局长兼总工程师，侯家源任副局长兼副总工程师。当时，铁路管理机构的名称随线路的延伸而不断更名。先是沪杭甬铁路陆续建成，管理机构为沪杭甬铁路管理局，设总局于上海，杭州设分支机构，局长钟文耀是中国首批留美幼童之一。接着，开筑杭州至江西玉山的铁路，分支机构遂更名为杭江铁路工程局，局长杜镇远。1934年，筹建玉山至南昌的铁路，取名为浙赣铁路，机构又随之更名。

浙赣铁路局初创时期，办公条件相当简陋。先是由省政府将占地面积达14亩多的宝石山东南麓的陆军浙江医院的部分房舍和私家园林别墅划拨路局，共有19处各式楼屋平房，草草搭台。后又在现北山路13号修筑了办公楼，算是初具规模。1931年，原广济医院院长、英人梅藤更在宝俶塔旁修盖的二层西式洋房一座收归国有，省政府决定以每年1元象征性租金转租给中国经济学社作为经济图书馆之用。浙赣铁路局因山下房子不够用，乃与该社协商，免费转借给铁路局使用。负责人马寅初欣然应允，痛快答应，该楼直到解放后才拆除。其时，浙赣铁路局的局舍还是相当分散，十分不便。主要官员又分散居住，如杜镇远住广福里，侯家源住双剑楼，茅以升住荷花池头，吴竞清住学士桥，均距局址较远。

鉴于此，1947年，浙赣铁路局投入巨资，在当时的静江路28号，现在的北山路13号院内东南修建杭城一流的办公楼。大楼平面呈回字形，四周皆楼，中为天井，南北朝向各为三层七开间；巨石垒基，青砖实叠，大屋顶飞檐挑角，红地板流光溢彩；大楼共有房间几十个，建筑面积2454平方米，耗费巨资达数十万元。立于湖滨断桥，一眼就能望见这座雄踞于山颠的宏厦伟屋。这样一来，基本上满足了浙赣铁路局的办公需求。

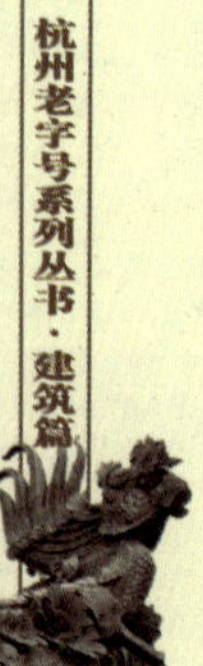

○建于清光绪三十三年(1907)○

吴山瞭望台

◎清光绪三十三年（1907），仁和县知事向商绅募款，在城隍山东岳庙前建造望楼，挂铜钟一口，遇火警即鸣钟报警。至今，在瞭望台西北角立有方形水泥柱一根，南刻“潘赤文先生创建警火钟古迹 民国三十二年（1943）戎光久题”，西镌“古瞭望台”四个楷书大字。

◎建筑结构及特色◎

1918年，浙江省警察厅在吴山放午炮旧址建4层木结构火警瞭望台。

瞭望台从烟的形状和色彩予以判别火警，发现火警，紧急鸣钟三十下，提醒各地救火会作好出龙准备。停一分钟，再鸣火警区域信号，一下上城区，二下中城区，三下下城区，四下钱塘门外、西湖区，五下武林门外、湖墅、拱埠，六下凤山、候潮门外，七下艮山门外、笕桥区，八下望江、清泰、太平门外。老杭州有句古话叫"城隍山上看火烧"，指得就是这处制高点可看清杭州老城的角角落落。这种方式一直延续到解放初期，之后被日益发达的通讯设备所替代。

1951年，消防部门安置第一台30门磁石式电话总机，装接"09"火警专用电话，并与公安局、吴山瞭望台及各个消防中队架设专线，直通总机，便利火警通讯。

1964年再次改建瞭望台，共6层，高达24米，水泥钢筋结构，下面5层安装盘旋楼梯，上至顶层为八角形塔台，配备无线电对讲机、40倍望远镜，使用至今。

2000年，由于瞭望台建成时间较长，风吹雨打，存在安全隐患，被房管局鉴定为危房。2004年春，有关部门决定对老楼进行加固和修建，拆除管理生活用房，将老楼作为消防历史的实物保存下来，供人观赏。同时，一种最先进的高空电子瞭望系统将取代原来的人工瞭望"登上"瞭望台，对杭城火警进行监测。

◎建筑现状◎

◎吴山瞭望台位于吴山27号，共6层，高24米，下为柱形，顶端为塔形。

◎链　接◎

“胸前竹石千层起，眼底江湖一望通”，吴山是登高揽胜的好去处。它位于城南，由紫阳山、宝莲山、云居山、瑞石山、清平山等相连而成，奇峰突兀，留有许多古迹。春秋战国时为吴国南界，故称吴山。另说为纪念吴国大夫伍子胥，遂又称胥山。明代杭人为纪念正直敢言、“冷面寒铁”的浙江按察使周新，在山中建造城隍庙，因此又俗称城隍山。清代吴山被列为“钱塘二十四景”之一。1985年吴山被评为新西湖十景之一，取名“吴山天风”。旧时吴山多庙，素有“吴山七十二庙”之说。众庙整日灯烛通明，进香者络绎不绝，山上山下遍布各色货摊，四季繁荣。20世纪60年代初太岁庙改建为“极目阁”、“茗香楼”，供游客休息，药王庙改建为茶室和评书场。20世纪70年代初至80年代期间新建“江湖汇观亭”，翻建宝成寺，整理麻曷剌等摩崖造像，重建城隍阁，并在山脚下开辟了极有民俗文化特色的吴山广场。

○建于中华民国十七年（1928）○

西湖博览会工业馆

现存的工业馆建筑坐北朝南,平面呈“回”字形，为平房，中设天井。是当年西博会新建建筑中惟一幸存的建筑，也是杭州乃至浙江省最早的展览馆建筑。

此馆选择了北山路王庄和抱青别墅之间一块叫“同善堂”的空地，于1928年动工，1929年交付使用，作为1929年西博会开幕式会场兼工业馆主馆。1929年6月6日下午2时，第一届西博会在此开幕。孔祥熙、朱家骅、诸民谊、蒋梦麟、蔡元培、张人杰等参加了盛大的开幕式。首届西博会延至10月20日闭幕，约有178万人次参观此馆。

◎第一届西湖博览会工业馆旧址于2005年3月被浙江省人民政府列为浙江省省级文物保护单位，属北山街近代建筑群之一，并于2003年12月修缮后设为西湖博览会博物馆，免费向市民开放。

◎链　　接◎

1929年，在杭州举办了盛况空前的西湖博览会。博览会于6月6日开幕，延至10月20日结束。共设八馆、两所和三个特别处，其中有革命纪念馆、博物馆、农业馆、工业馆、丝绸馆等。除工业馆主馆为新建外，其他几处展馆均借用私人的庄园、别墅以及寺庙进行布展。工业馆借用布展的有王庄（第二馆）、菩提精舍（第三馆）、抱青别墅（第四馆）等三个私家别墅。工业馆主要分98个陈列区，展出轻工、重工、机械、手工、电子、化学、电力、食品、烟酒、日用工业等物品数万件。

◎建筑现状◎

◎首届西湖博览会工业馆旧址位于西湖区北山路42号，现为西湖博览会博物馆。

◎建筑结构及特色◎

从葛岭俯视，工业馆呈长方形，中间有一个大的天井，与外围形成了一个巨大的“口”字，故又被称为“口字厅”。当年工业馆主馆设计建设的主持人是浙江大学工学院院长李振吾。之所以将工业馆主馆建成为大工厂的模样，目的是要使“参加者进入其中，恍如身处一巨大之工厂，视察配置机械”。至于在“大工厂”中间开出一个大天井，自然是考虑其有利于布展，有利于参观者的有序流动。而今天的这个大天井当年却是一个美化展馆的大花圃。

工业馆主馆虽为平房，却比二层楼还高，上面的窗户离地有6米左右。馆舍东西长约60多米，南北宽约40多米。以木横梁贯穿支撑整个庞大的建筑。铁钎做的接口，建筑工艺已经达到很高的水平。值得一提的是，馆舍的外观中西合璧，西式的门厅以及门口的几根西式古典主义石柱配以中式的镂花窗，更是别致。推开主馆的大门，首先映入眼帘的是当年用“益中公司”彩色瓷砖铺设的1929年西博会景观图。虽已残缺不全，但仍可清晰辨认出左边为西泠桥，右边是工业馆。

工业馆主馆一经落成，就赢得了“闳大伟丽，金碧楼台”的美誉。后虽历经风雨，成了“七十二家房客”的所在，但所幸大的结构格局未被破坏。现为杭州市文物保护单位，并已建为博物馆，对外展示历届西博会之成果。

建筑篇·浙江省邮政管理局

◎建筑现状◎

◎浙江省邮政管理局，位于上城区环城东路5-11号，原为杭州城站路1-8号，现为“中国邮政”营业厅。

浙江省邮政管理局大楼

○创建于中华民国二十三年（1934）○

浙江省邮政管理局

◎我国的早期邮票上虽然印有“大清邮政”、“中华民国邮政”等字样，可是从1896年中国开办邮政起，一直到抗战胜利，这项“国脉”大权却一直掌握在外国人手里，杭州也不例外。1897年大清杭州邮政局成立后，由杭州海关税务司派英人兼管邮政司。这种由海关管理、洋员主政的邮政体制，带有浓厚的殖民主义色彩。

话说环城路

◎**环城路** 分东、西、北三路。南起城站路东端，北至艮山路西端，名环城东路；环城东路北端折西至武林门莫干山路南端，名环城北路；环城北路西端折南至湖滨路北端，名环城西路。为杭州市交通主干道，路沿杭州旧城基，故名。

◎建筑结构及特色◎

大楼外观为英国古典主义建筑风格，有上下贯通二层的科林斯式立柱，墙面为细粒水刷石粉面和机制红砖墙，地面有马赛克、水磨石、水泥地、地板等四种材料铺地。还有铜制构件、大幅玻璃、天花石膏、细部浮雕等装饰，富丽堂皇，曾是浙江第一流的邮政建筑。

1945年11月至1947年2月，大楼先后整修房屋墙垣、水电及暖气等，付修理费法币3775.51万元。1950年12月1日起，浙江省邮政管理局迁往杭州积善坊巷8号办公，该楼屋及院内所建辅助用房全部移交给杭州市邮政局使用及管理。

解放后，生产用房续有建设，但由于邮政业务发展很快，生产场地仍然显得严重不足。经邮电部、省邮电管理局批准在城站老大楼原二层楼屋的基础上，加建二层，计3200平方米。1980年开始勘察、动工建造，1981年9月竣工，10月投入生产使用。至此，整座大楼建筑面积增加到6400平方米，增加二层的造价为人民币76万余元。

浙江省邮政管理局旧址现重饰一新，保存完好。

◎链　接◎

1897年2月20日，大清杭州邮政局成立，地址在马市街，后移三元坊，局址几经变更，最后落脚于运输便利的城站。1925年7月，由上海道达洋行投标承建城站浙江邮政管理局二层大楼一幢，材料费为银洋20万元，建筑费按7%计为银元14000元。该楼屋于1927年1月21日落成，占地面积10.4亩，建筑面积3200平方米，砖混结构，实际造价21.75万元银元。

高等法院

○建于中华民国年间○

浙江省高等法院

◎浙江省高等法院位于下城区原浙江大学湖滨校区内，原有一组建筑，现仅存一幢红砖楼房，俗称红楼。

清末民初，这里是浙江省地方法院、高等法院、检察厅、审判厅等司法机关的所在，解放后成为浙江医科大学的校舍。现为杭州城建档案馆。

◎建筑现状◎

◎浙江省高等法院位于下城区原浙江大学湖滨校区内，经整修，现已改为杭州城建档案馆，免费对外开放。

◎建筑结构及特色◎

现存红楼占地457平方米，建筑面积902平方米，砖木结构，两层坡顶，清水砖墙，正立面望去可将红楼分割为三个部分。东部是四开间两层楼屋，下为几根科林斯柱排列组合成的内廊，上有宽大阳台，瓶式栏杆；中部是五开间两层楼屋，下为拱券落地门窗，上为阳台落地门窗；西面是三开间两层楼屋，下为券门，门楣有精美的拱券雕饰，上为花墙厅室。

三个部分看似有别，却又浑然一体，原因是用了清一色的红砖，清一色的红色门窗。杭州的近代建筑较多地使用青砖，色调稳重，不事张扬，符合中国人内敛的个性。而红色是典型的西方建筑用色之一，体现了西式建筑的特点。红楼清水砖墙的砌法也显示了这一特点。它的墙体、砖柱是横的实叠砌法，而门、窗套顶部却改用竖砌，整个立面也用红砖装饰，凹凸有致，表现了中世纪西洋古典主义风格。

红楼的平面布局、框架结构和立面装饰可圈可点，此种类型房屋在杭州已不多见。难怪电视剧《杨乃武与小白菜》中的法院戏要在这里实景拍摄。

杭州海關

○建于清光绪二十三年（1896）○

杭州海关

◎杭州海关，旧称“洋关”，为“甲午战争”后外国人在杭所设海关及检查码头，是帝国主义侵略中国主权的实物罪证。

光绪二十二年（1896）农历五月，清政府在拱宸桥新设立了杭州海关。同年十月一日正式开关。但实际主权完全掌握在外国侵略者手中。该关一切重要职务，如税务司、英文文案帮办、办公处帮办、总巡、验货员等，全由外国人担任。

◎建筑现状◎

◎杭州海关旧址位于拱宸桥现杭州市第二人民医院内，迄今仅存三幢砖木结构的楼房，基本保持了原貌，其余已拆除和改建。现为杭州市文物保护单位。

◎建筑结构及特色◎

杭州海关旧址由A楼（税务司）、B楼（杭州海关办事处）、C楼（“帮办”人员住宅）、E楼（码头检货厂）四部分组成，占地面积2000平方米。

A楼，原为税务司楼，占地约672平方米，平面呈矩形，共三层，一、二层立面采用仿英“券廊式”，外墙为灰色清水砖砌筑，拱券及砖柱用红色清水砖砌筑。重檐，屋顶采用东方传统建筑的大屋顶形式。正脊两端和戗脊外端微翘，出檐短浅。

B楼，原为杭州海关办事处，占地约450平方米，平面呈矩形，共两层。立面采用仿英“券廊式”，外墙由灰色与红色清水砖相砌而成。屋顶为坡形，屋檐下的承托使用叠涩，处理手法较为简洁。

C楼，原为“帮办”人员住宅，占地约480平方米，平面呈矩形，共两层。立面采用仿英“券廊式”，外墙由灰色与红色清水砖相砌而成。屋顶为坡形。

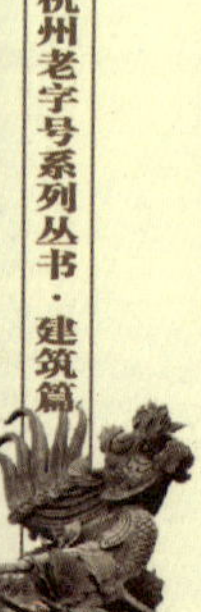

○建于中华民国年间○

日本驻杭领事馆旧址

◎在杭州“三面云山一面城”的格局中，宝石山东麓的石函路1号，曾是日本驻杭领事馆，也是西湖北山山系最东端的一处山岩，杭人称其为石塔儿头。

◎建筑现状◎

◎今浙江省旅游局所在地，位于杭州石函路1号。

◎建筑结构及特色◎

宝石山东麓的石函路1号，在这赭红色的石塔儿头上，有一座灰墙红瓦、颇为精致的日式别墅。它东南朝向，呈八字形状，进入楼内，楼下朝西为一通道，通道两侧各有房数间；东面有楼梯直上二楼，过道宽敞，装饰精美，厅室考究。整幢建筑虽只有两层，但因筑于山岩之上，显得巍峨壮观，成为西湖的标志性建筑之一。

这幢楼房曾经是日本领事馆驻杭所在地。

民国初年，日本人的侵华野心已显，他们到处设领馆、派特务，插手中国国内事务。石塔儿头的这幢房子，就是日本国驻杭州领事馆，实际上是日本特务情报机关的据点。在此楼朝南石函路的崖壁上，至今仍刻有这样一方石碑：“2/12.1919－1/9.1928甲S久”。

◎链接一◎

20世纪20年代，每遇日寇欺辱、民族劫难，就有学生和民众到钱塘门外石塔儿头的这处日本领事馆抗议示威。1921年12月10日上午，杭州各界在湖滨公众体育场举行国民外交大会，推举周象贤为大会主席。会后，周象贤率民众数千人冒寒风、举大旗，赶赴日领馆示威。1925年5月30日，“五卅运动”爆发；6月3日上午，杭州各界5万人在公众体育场举行国民大会，群情激愤。会后举行示威游行，并到日领馆递交抗议书。日本人照例紧闭大门，加强警戒，不理不睬。这更激起了杭城市民的愤慨，驱逐日寇、收回馆舍的呼声日益高涨。

抗日战争胜利后，曾经三任杭州市市长的周象贤顺应民意，终于在1945年末将其收回，辟为外宾招待所，并把杭州沦陷时期敌伪在苏堤上所种植的日本樱花全部移植到招待所内。苏堤上则补种了桃花，使游人得以重见一株杨柳一株桃的美景。当周象贤陪同当时的浙江省民政厅长阮毅成一同入内参观时，两人都十分高兴——收回石塔儿头这所楼房的多年夙愿终于得偿了。

◎链接二◎

1948年春，石塔儿头的这座别墅又迎来了新任浙江省政府主席陈仪。

陈仪，字公洽，号退素，1883年生于浙江绍兴，日本陆军大学毕业生。1925年，陈仪以浙江陆军第一师师长身份调任浙江省省长。后历任兵工署署长、福建省政府主席、台湾行政长官等职。1948年，国民党政权风雨飘摇之际，蒋介石考虑到浙江地位重要，邀请军政界老资格的陈仪去看家。陈仪则以年老多病相推辞。后经宋美龄、汤恩伯轮番劝说，陈仪才来到杭州，住进了石塔儿头的这幢别墅。

上任履新后，陈仪力主和平，倾向民主，并积极策动关系非同一般的老部下汤恩伯起义。当时他的许多秘密决定就是在这幢官邸里作出的。1949年1月22日，蒋介石宣布下野，回奉化溪口途经西湖时，陈仪为尽地主之谊，在西湖第一名楼——楼外楼为蒋接风洗尘。席间，谈起局势，言及和平，引起蒋介石的不快和怀疑，竟不吃不喝，拂袖而去。

同时，陈仪策反汤恩伯的工作正紧锣密鼓地进行着。汤恩伯左右摇摆，举棋不定，一边是自己的恩师，一边是自己的“总裁”，但他最终还是卖师求荣，密报于蒋介石，直接导致陈仪的被捕。

在国民党内，陈仪的资历要比蒋介石老。1905年陈仪便是同盟会会员，蒋介石1908年才加入同盟会；陈仪和蒋介石都是日本士官学校毕业，但蒋又比陈晚五期；辛亥革命光复杭州时，蒋介石只是一个敢死队队长，而陈仪在杭州光复后已是浙江军政府的军务部部长。所以蒋介石平时总表

现得对陈仪很尊重，常以师礼相待。然而，陈仪被辗转押解至台北后，1950年6月18日，蒋介石终下手令以“勾结共党，阴谋叛乱”的罪名处死了陈仪，终年68岁。陈仪以大局为重，决意起义，却因处事失慎，竟自罹难，尤可叹惋。这正是：风云变幻日领馆，沧桑老屋长遗恨。

◎链接三◎

周象贤(?－1960)，别名企虞，定海人。自幼随父母迁居上海，肄业上海南洋公学，后与宋子文等赴美国留学，就读于麻省理工学院和加利福尼亚大学。毕业回国后随宋子文在汉冶萍公司任职，旋入北京大学任教。中华民国十六年(1927)起，先后任庐山管理局局长、治淮委员会主任、扬子江水利委员会主任、浙江省水利局局长等职，并于1928年11月－1930年8月；1934年9月－1937年10月；1945年9月-1948年初，三度任杭州市市长。前两任期内，曾将市内主要马路改为柏油路，用专利20年的办法，由私营永华汽车公司建筑湖滨至灵隐的柏油路，行驶公共汽车；修浚西湖，开拓岳坟至灵隐的林荫道；扩充市民医院，增设传染病院，创办市立中学等。三任杭州市长时，曾用市参议会提案，报请将杭州改为直辖市，行政院批复允许“逐步扩充”。1948年3月，携眷居香港，后一直任南洋兄弟烟草公司董事，经营商业，并受舟山旅台同乡会邀请，任名誉会长。1960年病逝于香港。

之江大學

○建于清道光二十五年（1845）○

之江大学

◎之江大学前身为设于宁波的崇信义塾，同治六年（1867）秋迁杭州，改名育英义塾。光绪二十三年（1897）更名育英书院。宣统三年（1911）改名之江学堂。中华民国三年(1914)改名之江大学。中华民国十七年（1928）6月，因美国基督教南北长老会差会托事部拒绝向我国政府登记立案，学校停办一年。中华民国十八年（1929）重新复校开课，聘中国人李培恩为副校长、代理校长职务。中华民国二十年（1931）7月，国民政府教育部核准立案，定名之江文理学院。

◎建筑现状◎

◎之江大学旧址位于西湖区钱塘江畔的秦望山上，现为浙江大学之江校区，全国重点文物保护单位。

◎链　接◎

之江大学，前身是清道光二十五年(1845)美国基督教北长老会差会设于宁波的崇信义塾。同治六年(1867)秋迁杭州，改名育英义塾，初设皮市巷，后移大塔儿巷。光绪二十三年(1897)更名育英书院，开始设英文、化学两专科，学制正科6年，预科5年。校长由美国长老会牧师裘德生担任。光绪三十四年（1908）美国基督教南长老会差会参与合办。宣统三年(1911)，书院迁二龙头，改名之江学堂，有大学部学生31人，学制4年。学堂注重英语教学，多采用英文原版教科书。民国三年(1914)改名之江大学。民国十七年（1928）6月，因美国基督教南北长老会差会托事部拒绝向我国政府登记立案，学校停办一年。民国十八年（1929）重新复校开课，聘中国人李培恩为副校长，代理校长职务。民国二十年（1931）7月，国民政府教育部核准立案，定名之江文理学院。

民国二十六年(1937)抗日战争爆发后，学校先迁皖南屯溪，民国二十七年（1938）2月，在上海租界博物院路广学会大楼复校开学，并与当时在沪的教会大学沪江、圣约翰、东吴、金陵、金陵女大实行6校合办，学生可以互选课程。民国二十九年（1940），单独授课，分文、商、工三学院，恢复之江大学名称。

民国三十年(1941)太平洋战争爆发，次年学校迁福建邵武，办工、商两学院。民国三十二年（1943）在贵阳花溪设立工学院分校。民国三十三年（1944）6月，邵武总校结束，工学院迁黔与贵阳分校合并，12月，工学院又从贵阳迁重庆，与东吴大学法学院、沪江大学商学院联合办学。民国三十五年（1946）春，三校联合大学解散。

抗日战争胜利后，之江大学于民国三十四年(1945)在上海复校；次年，在杭州校本部招收新生，设文、工、商3个学院。杭州解放前夕，之江大学有在杭学生904人，在上海学生162人，共1066人，教职员113人。

1951年，按中央人民政府有关条例，由浙江省文教厅接管。1952年夏，全国高等院校院系调整，之江大学文、工、商三学院各系分别并入浙江大学、浙江师范学院、上海同济大学和上海财经学院。之江大学结束办学。

历任校长为裘德生(美)、王令赓(美)、司徒华林(美)、费佩德(美)、朱经农(未到校)、李培恩、黎照寰。

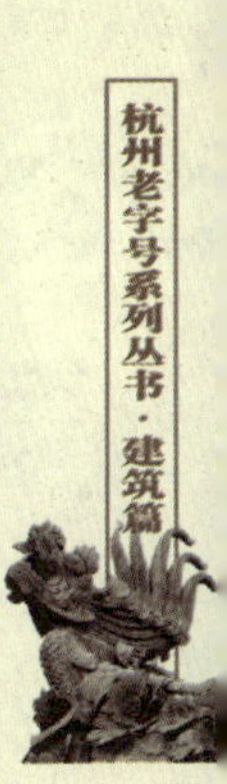

上红房

话说秦望山

◎秦望山在钱塘江北岸九溪入江处东侧，旧名大王山，今称大华山，又一说即今将台山，海拔254.5米。

◎秦始皇统一六国，初设钱塘县于灵隐山下。秦始皇东巡曾到过这里，登临远望吴越河山，留下秦望山和秦皇缆舟石遗迹。

◎唐朝诗人马湘《登杭州秦望山》诗云："太乙初分何处寻，空留历数变人心。九天日月移朝暮，万里山川换古今。风动水光吞远峤，雨添岚气没高林。秦皇谩作驱山计，沧海茫茫转更深。"

◎建筑结构及特色◎

之江大学最初占地300亩，以后扩大至660亩。共有建筑40余幢，主要有慎思堂、同怀堂、都克堂、图书馆、上红房、下红房、灰房等，依山而建，以三层居多；以红砖清水外墙，红瓦顶为基调。此建筑群是西方近代建筑糅合东方传统建筑而成，既有欧洲近代建筑的风格，也有文艺复兴时期建筑的影子。因此曾荣获世界近代学府建筑完整保护第二名。青山碧水绿树，红砖洋瓦老屋，这座美丽华贵的校园现为浙江大学之江校区。

慎思堂居于校园广场中央，建于1910年，为主要教学楼。平面呈一字形，三层砖木结构，清水红砖外墙，平拱券门窗，建筑面积875平方米。屋顶原有东方式的两层飞檐，后修复成简洁的四坡顶。上红房居于慎思堂左上方山坡，建于1910年，拱券门廊，雕花砖柱，留有古罗马建筑的痕迹，当年为教员宿舍，现为学生宿舍。

都克堂，又名育英堂，位于慎思堂西北，建于1915年。该楼形似教堂建筑，内有座位500个，是当时校内较大的活动场所。块石外墙，青色瓦楞大坡屋顶。是一幢很有个性、比较现代的建筑。建筑面积457平方米。

图书馆位于慎思堂与都克堂之间的山坡上，建于1932年，三层红砖清水外墙，红瓦坡顶。建筑面积467平方米，内部装饰讲究，有500座的阅览室。

同怀堂位于校园中心草坪南端，建于1936年，又名钟楼，即经济学馆。由中国报业实业家史量才独资捐建，史量才独子史咏赓其时正在之江大学上学。该楼主体三层，中间四层为钟塔，红砖清水外墙，中部为大过厅。建筑面积662平方米。建筑摒弃了繁琐的花饰，线条简洁，是典型的近代学校建筑。

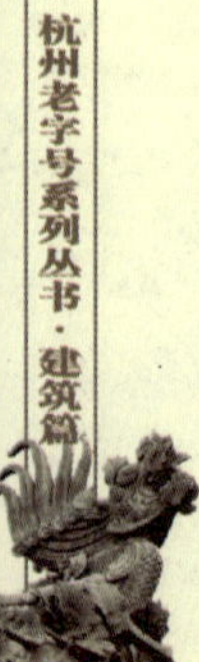

○创建于清光绪二十五年（1899）○

惠兰中学

◎清光绪二十五年（1899），美国基督教北浸礼会差会传教士甘惠德（W. S. Sweet）于石牌楼淳佑桥东境购地数亩，建筑校舍，创办蕙兰中学堂，初名“蕙兰学堂”。学制初为五年，后改为四年，1923年改为六年。1937年日军侵华，学校被迫停办，1945年复校招生。1927年以前历任校长均为外国人，之后始由国人担当。1951年，学校同前浙大附中合并成立杭州市第二中学。

◎建筑现状◎

◎惠兰中学，旧址位于上城区建国中路70号，现有建筑保存完好。

◎建筑结构及特色◎

原惠兰中学的大部分建筑已拆毁，现仅存惠德图书馆、“树人树德”碑、“惠兰学堂”碑座、小铜钟等。

惠德图书馆在学校大操场附近，占地面积170平方米，建筑面积500平方米，坐南朝北，为三开间三层西式建筑。建筑平面呈长方形，通面阔16.80米，通进深9.80米。清水砖作。悬山两坡顶，顶上辟老虎窗五座。为纪念学校创始人甘惠德，馆名取“惠德”两字。

一楼正立面入门处为半圆形柱式门廊，由四根简化的多利克式石柱支起，天花饰有石雕罗马线，地面为几何纹彩色水磨石地面，门廊的门楣上有“民国十八年 惠德图书馆 甘惠德先生”几个蓝字；明间北面辟门、南面辟窗，中间有木质楼梯，南面隔出一小间；东、西次间各有两扇格子木门对开，并三面辟拱形木窗。

二楼格局与一楼同，木质地板，矩形门窗；明间北面原为窗，现为门，有半圆形悬挑阳台，罗马柱式栏杆，西式线脚精美，基础部分有叠涩。

三楼为坡形顶，南辟老虎窗两座，北辟老虎窗三座，采光良好。木质地板。

整幢建筑室内墙体为石灰粉刷。绕建筑外墙一周为一排水沟。现该建筑已粉饰一新，风貌完好，已辟为校史陈列馆。

浙江图书馆旧貌

○创建于清光绪二十六年（1900）○

浙江图书馆

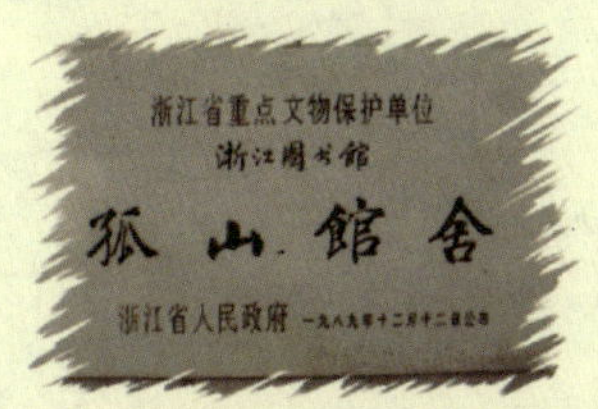

◎浙江图书馆孤山馆舍于1989年12月被浙江省人民政府确定为浙江省文物保护单位。

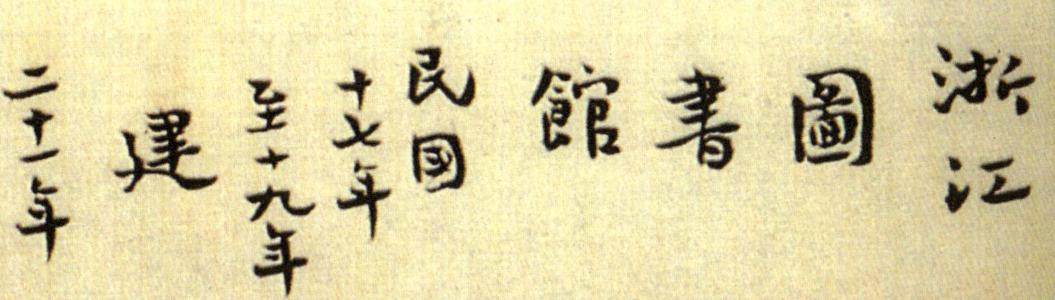

■浙江图书馆前身为杭州藏书楼，始建于光绪二十六年（1900）十一月，1903年扩充改建为浙江藏书楼，1909年又扩建为浙江图书馆。由孤山馆舍与大学路馆舍组成。均为国内优秀的近代公共建筑。

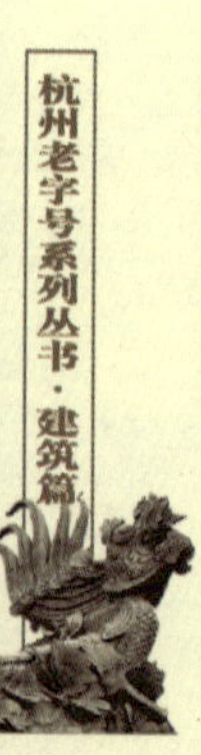

■浙江图书馆大学路馆舍

■浙江图书馆孤山馆舍的白楼

◎建筑现状◎

◎浙江省人民政府1997年8月又将浙江图书馆大学路馆舍与孤山馆舍合并确定为浙江省文物保护单位。

◎建筑结构及特色◎

孤山馆舍位于孤山路28号，由白楼与红楼组成，坐北朝南，占地面积5000平方米。红楼建于清光绪二十九年（1903），原为清政府预备德国皇太子来杭下榻所建。1912年，民国初立，划归为图书馆所用。红楼平面呈矩形，为两层红砖实叠洋房，一、二层均采用英式券廊结构，建筑面积671平方米。白楼于清宣统三年（1911）五月动工，次年竣工。平面呈“凹”字形，建筑面积1978平方米，为两层砖木结构西式洋房，建筑采用双基抬梁式基础及内框架整体结构。白楼为国内最早的公共图书馆建筑。其间，文澜阁所藏《四库全书》也由浙江图书馆接管，直至1932年9月大学路馆舍正式开放使用之前，孤山馆舍一直为浙江图书馆总馆。现为浙江图书馆古籍部。孤山馆舍左邻俞楼、西泠印社，右傍平湖秋月、浙江博物馆，是个读书修学的佳处。

大学路馆舍位于大学路102号，建筑面积2684平方米，建于1928年至1930年。馆舍据浙江都督汤寿潜遗嘱捐资，由其子汤拙存提议建造的。建筑坐北朝南，为一幢两层仿西洋古典式建筑，钢筋混凝土结构，平面呈“工”字形，并设地下室，布局宽敞宏伟，装饰手法简练。立面采用西洋古典横三段处理，中间十六根陶立克巨柱把建筑立面分割成15间。大门正中檐下为蔡元培所题“浙江图书馆”匾。室内大厅平顶作井字梁，楼梯两边为爱奥尼克柱。西式结构中，局部点缀着中式构件。它的建筑尺度适宜，色彩协调，造型端庄，是国内最早的省级公共图书馆大楼之一，也是本省为数不多的近代优秀建筑之一。

■浙江图书馆孤山馆舍的红楼

◎链　接◎

■孤山位于西湖北部。因孤处湖中而得名。山高38米，为西湖群山中最低的山。然而是湖中最大的岛屿。系湖山流纹岩组成。是西湖著名风景区之一，也是文物荟萃之地。为南宋西太乙宫和清代行宫的旧址。

■孤山东南隅，有一色秋光万顷的“平湖秋月”；南麓有面湖背山的精美园林中山公园；平台东有景物奇秀的“西湖天下景”园亭；有收藏四库全书的浙江图书馆；有清代学者俞曲园的故居俞楼；有陈列文物史实的浙江博物馆；有纪念宋代学者欧阳修的六一泉；有清代我国七大藏书阁之一的文澜阁；有百年老店楼外楼；山之西面有我国研究金石篆刻的著名学术团体西泠印社，旁有清代女革命家秋瑾墓和雕像；北麓有放鹤亭，为纪念北宋隐逸诗人林和靖而建，千古流传的“梅妻鹤子”故事就发生在这里；山巅有四照阁。孤山碧波环绕，山间花木繁茂，亭台楼阁错落别致，是一座融自然美和艺术美为一体的立体园林。其景色早在唐宋已闻名遐迩。唐代诗人白居易有“孤山寺北贾亭西，水面初平云脚低”之句，明代凌云翰有“冻木晨闻尾毕浦，孤山景好胜披图”的佳句。

■红楼和白楼的老照片

链 接

■浙江图书馆是中国最早建立的省级公共图书馆之一。前身为1900年11月创办的杭州藏书楼。1903年扩充改建为浙江藏书楼，当时馆舍在杭州城中丰乐桥大方伯里（今解放路85号），藏书7万卷。1909年称浙江图书馆。1912年在西湖孤山建成新馆舍。同时接收了藏在文澜阁的《四库全书》，藏书总数达24万多卷。1932年又在大学路建成了馆舍一座，蔡元培先生挥毫题写馆名。到了1937年抗日战争前夕，浙江图书馆的藏书达33万册，馆舍面积7000平方米，名列省级图书馆的前茅。抗日战争以后，由于日寇破坏，馆舍与藏书几经迁移，到1949年解放前夕，全馆藏书仅35万册。新中国成立后，浙江图书馆整修和扩充馆舍，培训业务人员，征购书刊，到1962年藏书已达113万册。十年内乱，浙江图书馆遭到严重摧残。粉碎“四人帮”后，迅速得到恢复和发展。

■浙江图书馆大学路馆舍的奠基石

文瀾閣

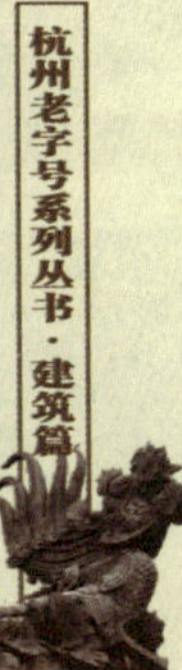

◎文澜阁于2001年6月被中华人民共和国国务院确定为全国重点文物保护单位。

○建于清乾隆年间○

文澜阁

◎为珍藏《四库全书》而建的全国七大藏书阁，现存三阁，而江南三阁仅存文澜一阁。文澜阁于咸丰十一年（1861）遭兵毁。光绪六年（1880）在原址重建，并添建几座厅、亭、假山和太乙分清室等附属建筑。新中国成立后，曾历经1974年、1984年和1993年三次重修。

文澜阁旧貌

◎建筑结构及特色◎

文澜阁南临西湖，北倚孤山，西接中山公园，东邻平湖秋月，景色如画。它坐北朝南，占地面积1200平方米，三进主要建筑依次排列在一条纵轴线上。第一进原为垂花门。二进门厅，入内即是一座玲珑剔透的假山，其旁一泓清流沿山而过。山顶东、西各建小亭一座，山后为平厅，西侧有回廊，直达三进文澜阁。平厅与文澜阁之间有一方池，以假山围砌，花木点缀，池中独树一峰，名曰仙人峰，又称美女峰。池东有御碑亭，御碑为乾隆兴建江浙三阁之诏谕。亭后，文澜阁东又有一御碑亭，亭内为光绪帝题“文澜阁”三字御碑一通。文澜阁面阔六间，重檐硬山造，通面阔24.76米，通进深13.3米，共两层，中间又有一夹层，实为三层楼房，建于56厘米高的台阶上。楼正中悬挂光绪御书“文澜阁”匾额。阁东为太乙分清室。

◎链接一◎

文澜阁是清乾隆年间为珍藏《四库全书》而建造的全国七大书阁之一。此处原为清康熙帝南巡时，在孤山兴建的行宫，雍正五年（1727）改为圣因寺。乾隆四十七年（1782），《四库全书》编成，初只缮写四份，藏于京、沈等地。后又增缮三份，藏于扬州、镇江、杭州三地，杭州乃兴建文澜阁。历时五年阁成，乾隆五十二年（1787）夏起，陆续将誊抄完成的图书，交两浙盐运使领运抵杭州，交藏文澜阁。

为珍藏《四库全书》而建的全国七大书阁现存四阁，而江南三阁仅存文澜一阁。文澜阁于咸丰十一年（1861）遭兵毁。光绪六年（1880）在原址重建，并添建几座厅、亭、假山和太乙分清室等附属建筑。新中国成立后，曾历经1974年、1984年和1993年三次重修。

◎链接二◎

中华七大藏书楼

■文渊阁　位于北京故宫太和殿东南，东华门西北，文华殿之后，清代乾隆四十年(1775)建，阁中藏书后归故宫博物院收藏。

■文源阁　位于北京圆明园内，乾隆四十年（1775）建，咸丰十年（1860）英法联军入侵时纵火焚毁。

■文津阁　位于避暑山庄（今河北省承德市）平原区西北部山脚下，建于乾隆三十九年（1774），藏书于1915年运至北京，现归北京图书馆收藏。

■文溯阁　位于辽宁沈阳故宫之西，乾隆四十七年（1782）兴建，是七阁中藏书最完整而散失较少的一阁，现属辽宁省图书馆。

■文汇阁　位于江苏省江都县（今扬州市）大观堂，乾隆四十五年（1780）建，咸丰四年（1854年）毁于大火。

■文宗阁　位于江苏省镇江市的金山寺，建于乾隆四十四年（1779），咸丰三年（1853）毁于大火。

■文澜阁　位于杭州西湖孤山南面，是江浙三阁中仅存的一阁，初建于乾隆四十七年（1782），咸丰十一年（1861）倒毁，部分藏书散失。光绪六年（1880）重建，现属浙江省图书馆。

○建于中华民国三年（1914）○

中华书局杭州分局

◎1914年，中华书局杭州分局成立，地址在中山中路保佑坊，资本金达20000元，属合资性质。经理为浙江甲种商业学校的英文教师叶友声。分局业务遍布浙江各地，主营教材，兼营学习用品和仪器标本等。

◎1912年1月1日，中华书局在上海正式成立，而后又在上海、保定、台北和杭州等地成立分局和发行所，它的建筑都具有鲜明的中西式风格。

■中华书局杭州分局位于解放路209号，现为杭州教育书店的所在

◎链接一◎

中华书局总局设于上海，民国元年（1912）元旦创立，创始人陆费逵是浙江桐乡人，桐乡至今还保存着他的故居。中华书局和陆费逵的独到之处是编印新式教科书，摒弃了其他书局扶清尊王、宣扬封建的教科书内容，他们编印的“新编中华教科书”体例新颖，内容进步，风行一时，供不应求。书局也因此迅速发展，资本额由25000元增加到100万元，并在各地设立分局。

1914年，中华书局杭州分局成立，地址在中山中路保佑坊，资本金达20000元，属合资性质。经理为浙江甲种商业学校的英文教师叶友声。分局业务遍布浙江各地，主营教材兼营学习用品和仪器标本等。1929年西湖博览会时，总局总经理陆费逵、著名艺术家黎锦晖（中华书局编辑）率领著名的“梅花歌舞团”也来杭演出助兴，对杭州中小学歌舞发展起了推动作用，深受师生们的欢迎。

因业务的发展，保佑坊的房子已不敷应用，经总局批准，杭州分局于1935年在官巷口西南角建造新店，地基是向英籍中和保险公司经理蒋甘棠租得。租赁合同规定，地租每月160元，房子由书局建造，20年后房子归地主所有，地租改收房租，房租按时价评定。房子于1936年建成，费银3万元，是一座前三层后四层三开间的街面营业用房，建筑面积共400多平方米，钢筋水泥结构，平面呈方形，立面简洁明快，较少雕饰，属于欧洲现代主义建筑风格，惟有底层每扇窗户的铸铁窗栅上铸有“中华书局”字样。

1951年，中华书局杭州分局按上级指示，并入新华书店。中华书局以教科书见长，它的旧址现为教育书店，可谓是屋尽其用，恰如其分。

◎链接二◎

◎陆费逵◎

中华书局创建人　陆费逵（1886-1941）

中国近代著名教育家、出版家。复姓陆费，名逵，字伯鸿，号少沧，笔名有飞、冥飞、白等。原籍浙江桐乡，生于陕西汉中。他早年在武汉参加革命组织日知会，经营新学界书店，销售《革命军》等革命书籍。后任《楚报》主笔。

1905年以言论忤当局，遭通缉逃亡上海，在上海昌明公司、文明书局任职。1908年陆费逵应聘到商务印书馆任职，1909年创刊并主编了著名的《教育杂志》。1912年，陆费逵创办中华书局，从此任局长、总经理达30年之久。在其主持下，中华书局编辑出版了《中华教科书》等教科书，为普及识字教育和传播科学文化知识作出了重大贡献。1941年7月病逝于香港。

建筑篇

OLD-LINE BUILDING

◎名人故居·宅邸◎

贰

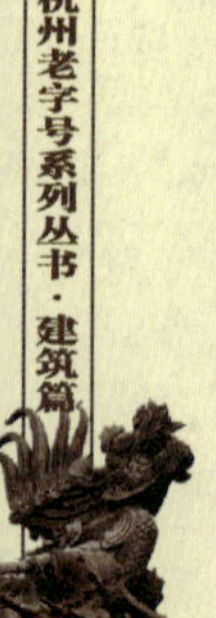

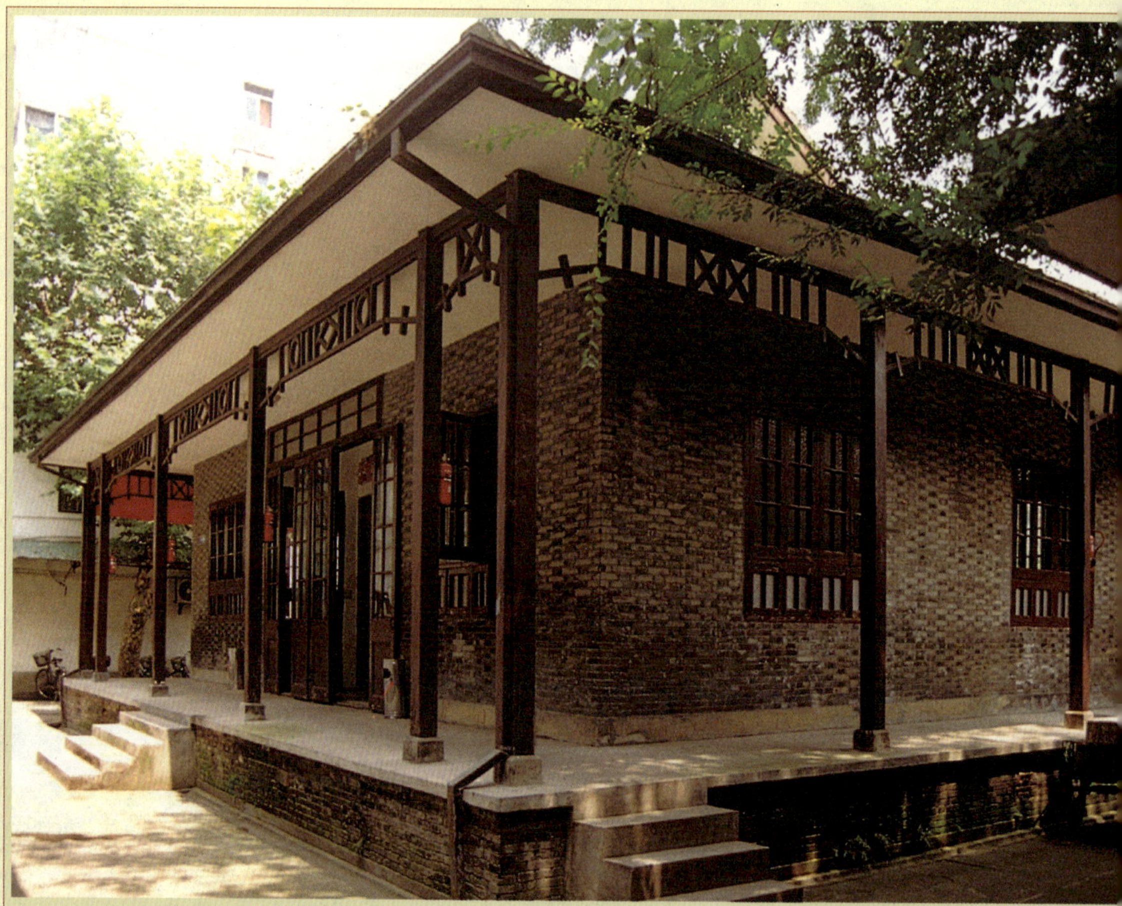

○建于中华民国二十四年（1935）○

风雨茅庐

◎郁达夫旧居位于上城区大学路场官弄63号，为砖木结构的单层平房花园别墅。郁达夫（1896－1945），字达夫，富阳人。著名作家、诗人。早年留学日本，与郭沫若等发起组织创造社，回国后主编《创造季刊》等文学刊物，并先后在北京大学、武汉大学等校任教。1930年参加“左联”。

◎建筑现状◎

◎郁达夫旧居位于上城区大学路场官弄63号，现为杭州市文物保护单位。

◎建筑结构及特色◎

风雨茅庐系郁达夫自己设计，分正屋和后院两部分，进大门，两侧有五六间平房，穿过天井，有三间正屋，坐北朝南，正中一间为客厅，有后轩。厅东西为卧室，三面回廊。四坡形屋顶覆以洋瓦，墙体为清水砖砌。正屋东北有卫生间、厨房等。正屋与后院以砖墙相隔，后院建平房三间，为书房和客房。

◎链　接◎

1933年春，久居上海的郁达夫做出了一个无奈的决定：移家杭州。主意已定，他便于1933年4月离开上海来到杭州，寓居大学路场官弄63号一幢朝西的两楼两底的中式楼房。“而每次喝酒，每次独坐的时候，只在想着计划着，却是一间洁净的小小的住宅，和这住宅周围的点缀与铺陈。”

不久，他果真举了债，购进了场官弄63号南侧一块杭州救济院的空地起造“风雨茅庐”了。此屋占地一亩一分，费银万元，耗时近一年，于1936年春落成，由学人马君武题匾。

关于风雨茅庐，郁达夫曾在1935年的《冬余日记》中这样说：“场官弄，大约要变成我的永生之地了，因为一所避风雨的茅庐，刚在盖屋栋。”郁达夫的这所“茅庐”，原打算“以茅草代瓦，以涂泥作壁”。但看来这只是他的自谦，因为这离地半米，四周筑有台阶和回廊的一排三开间轩敞砖房，以及用影墙圆门隔开的另几间书房，加之假山花木的庭院，非“茅草涂泥”所能为。他之所以这样说，正像他所要避的“风雨”并非指自然界的风雨，而是指其时的“政治风雨”一样，都是郁达夫惯用的自嘲式的遣词罢了。

拮据文人如此大兴土木，可见达夫确有在“茅庐”中实现他“避席畏闻文字狱，著书都为稻粱谋”的夙愿。据达夫后人郁飞回忆：“三间书房四壁书架高达房顶，历年购置的中外图书陆续从北平、上海等地集中到此。在文人，平生快事莫过于此了吧。”

1945年8月，郁达夫被日军杀害于印尼，永别了这座他后半生希望所寄的“风雨茅庐”。

○创建于中华民国三年（1914）○

题 襟 馆

◎题襟馆在西泠印社的最高处、华严经塔东侧的规印崖上，占地面积0.1亩，建筑面积约70平方米，是一幢砖木结构的中式平房。房子坐北朝南，古朴典雅，是吴昌硕在杭州的“创作别墅”。

◎建筑现状◎

◎题襟馆作为“占湖山之胜，撷金石之华”的西泠印社的一部分，现保存完好并修缮一新。

◎链接一◎

清朝末年，由吴昌硕领衔，沪上书画家成立了一个名叫“题襟馆”的组织。西泠印社于孤山成立后，第一任社长吴昌硕在印社筑屋，并将沪上“题襟馆”雅号移称屋名。1914年，馆舍落成，又名隐闲楼，取苏东坡诗意。馆与“鹤庐”贯连，经鹤庐下之拱门，可达里西湖。

吴昌硕每次来西湖，必扶级孤山，攀石题襟馆。小立檐下，左傍紫薇，右依梅花，一湖秀水、两峰青翠尽收眼底。难怪吴昌硕感慨地说，“居于此，则湖山之胜，必当奔集于腕下，骈罗于胸中”，并要“一一以书画发挥之”了。可见他对题襟馆——这半山小园、一处湖山的重视与喜爱。他每次到印社，都住在馆中。

1927年，吴昌硕去世，埋骨余杭超山梅林，留题襟馆于人世。

如今，题襟馆作为“占湖山之胜，撷金石之华”的西泠印社的一部分，保存完好并修缮一新。世人于此，无不感佩其简朴清雅的气息，一如长衣布鞋平头的吴昌硕先生之形象。馆内粉壁上，嵌有浙派印人丁敬的真迹刻石《现林诗墨》计30块，嵌有书画大家任伯年的画作；馆外廊壁上，还嵌有吴昌硕刻石的一幅《饥看天图》，画的是吴昌硕自己的肖像。旁有题诗：“……海内谷不熟，谁绘流民图。天心如见怜，雨粟三辅区。贱子饥亦得，负手游唐虞。”记叙了他早年颠沛流离的生活。当然，吴昌硕晚年为题襟馆撰写的“馆联”也不可不读，联曰：“印岂无原，读书坐风雨晦明，数布衣曾开浙派；社何敢长，识字仅鼎彝瓴甓，一耕夫来自田间。”

◎吴昌硕◎

◎链接二◎

■吴昌硕（1844—1927年），浙江安吉人，初名俊，后改名俊卿，字香补、香圃，中年字苍石、昌硕、昌石、仓硕，因得友人所赠古缶，故号缶庐、缶道人，别号有朴巢、苦铁、破荷亭长、五湖印丐等，七十岁后又署大聋。中国近代杰出的艺术家，是当时公认的上海画坛、印坛领袖，名满天下。吴派篆刻的创始人，书法、绘画、篆刻、诗词无一不精，绘画以篆书笔法入画，线条凝炼遒劲，气度恢宏古朴，浑厚苍莽。书法着力于《石鼓文》，深研数十年，他写的石鼓文，自出新意，用笔结体，一变前人成法，力透纸背，独具风骨。曾从俞樾、杨岘习辞章、训诂和书艺，与名收藏家、画家往还，多见历代名迹，因此书画篆刻俱卓尔不凡，成一大家，对近代中国艺坛产生了广泛而深刻的影响，尤对上海画派后期画风影响深刻。清符铸云："缶庐以《石鼓》得名，其结体以左右上下参差取势，可谓自出新意，前无古人；要其过人处，为用笔遒劲，气息深厚。然效之辄病，亦如学清道人书，彼徒见其手颤，此则见其肩耸耳。绘画以花卉为主，以任伯年（任颐）为师，自称'三十学诗，五十学画'，与蒲华、胡远、张熊、陆恢等交往相契。初从赵之谦，上溯扬州八怪，以及石涛、八大、陈淳、徐渭，以金石书法之笔法入画，画风震撼当时，几乎家家昌硕，影响巨大。"

觅橋醒村

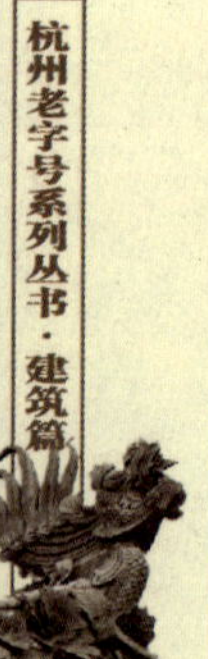

○始建于中华民国十九年（1930）○

觅桥醒村

◎杭州市江干区的笕桥机场，曾是国民党中央航空学校的所在地，被誉为“中国空军的摇篮”。而1937年的“八一四”中日空战，更是为中国空军写下了光辉的一笔。如今，几十年过去了，惟有老航校的一组老建筑作为历史的见证者依然默默地矗立着，仿佛在诉说着什么。

◎步入机场大门，右首是老航校飞行学员的宿舍，内部结构未有改动，只是外墙铺贴上瓷砖，已看不出当年原貌。正对大门，是一座38米高的钢管旗杆，基座和形制均为原貌。旗杆后面，则是建于20世纪30年代初的老航校办公楼，中间五层，两侧以阶梯式下降层数。大楼门口还有一消防水泵，上刻英文，亦为当年原物。左首就是名闻军界的“醒村”，为当年美国教官和空军官佐的住宅区。

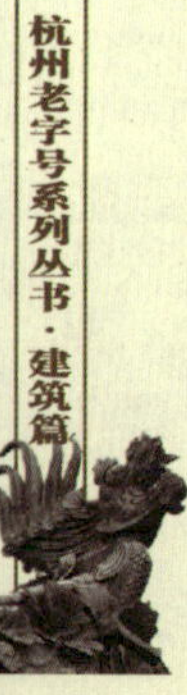

笕桥醒村——国民党中央航空学校

◎这组老照片反映了当年国民党中央航空学校的一些面貌，抗日战争时“八一四”中日空战的战机就是从这里起飞，为中国空军写下了光辉的一笔。

◎建筑现状◎

◎笕桥醒村，位于杭州市江干区，曾是国民党中央航空学校的所在地，现保存完好，为全国重点文物保护单位。

◎建筑结构及特色◎

从办公楼至醒村，有一条宽敞马路，两旁古木参天，绿荫蔽日。马路尽头，即是醒村。醒村共有九幢西式别墅，建于20世纪30年代初，其中六幢为联体别墅，每幢两个单元，对称格局。每单元二开间，假三层共六间房，每幢建筑面积452－458平方米，前后均有大花园。六幢别墅统一的奶黄色拉毛外墙，高耸的壁炉烟囱，人字形的坡屋顶，阳台的花饰铸铁栏杆在绿树丛中时隐时现，格外亮丽美观，有一种别样的雅致。

醒村中最为引人注目的还是人称“美龄楼”的36号楼。美龄楼位于醒村的中央，为典型的欧式建筑。整栋楼房共二层，建筑面积约376平方米，占地面积188平方米。从正面看，整体造型简洁明快，左侧为人字形洋瓦屋顶，右侧是长方形四开间楼屋。中间三开间有突出之露台，下为门厅。正门墙壁上的白色石膏浮雕有点类似于美国方尖碑图案，正门上方的露台周身围以铸铁雕花栏杆，窗户上的铁栅铸成飞翅形状，这些装饰都使人联想起美国、飞机、欧化等相关概念，这与宋美龄的个人喜好恐怕不无关系。从侧门入内，右侧有一衣帽间，再入内，右侧有一转角楼梯，扶梯为铸铁与木架结构相结合，简洁大方。上楼中间为一宽敞过道，两旁依次排列房间。此楼是当年宋美龄任航空委员会秘书长时来航校办公、居住的地方。后来，蒋介石亦经常下榻于此。

1949年1月29日晚，蒋介石由宁飞杭，下榻醒村美龄楼，次日飞赴溪口，其时，宋美龄远在美国。三个月后，蒋介石又从溪口赴笕桥机场，与代总统李宗仁会谈，这是蒋介石最后一次来到醒村，时为1949年4月23日。

澄
廬

◎澄庐位于南山路189号，现为杭州市老干部活动中心—公园活动室。

○始建于中华民国十七年初（1928）○

澄　庐

◎“未说湖山佳处在，清晨涌出小金门。”在西湖十大城门之一的涌金门东北、湖滨公园临湖处，有一幢式样别致的奶黄色别墅。这就是蒋介石、宋美龄夫妇当年的西湖行辕澄庐。

◎澄庐原为中国第一代官僚资产阶级的领头人、实业巨子盛宣怀四子盛恩颐的别墅。在盛宣怀的八儿八女中，风头最足的是恩颐，人称“盛老四”。他不仅在其父亲之后担任了中国第一家钢铁联合企业汉冶萍公司的总经理，还贵为民国国务总理孙宝琦之婿。孙宝琦是杭州人，20世纪初曾出使法、德等国，1914年代国务总理，十年后任国务院总理兼外交委员会委员长。孙氏虽“生长北方，抗尘走俗”，对故乡山水仍难以忘怀。1921年出版的《西湖新志》，便是他作的序。孙宝琦将长女孙用慧嫁给挚友盛宣怀的四子，故盛恩颐也算是“杭州女婿”了。

◎20世纪60年代初，澄庐曾辟为浙江省级机关幼儿园，笔者也在园中就读过。现为杭州市老干部活动中心—公园活动室，房屋基本完好，但庭院已废。

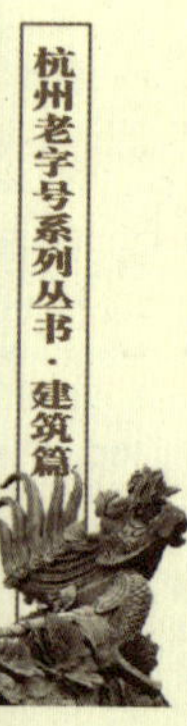
杭州老字号系列丛书·建筑篇

◎建筑结构及特色◎

这座建于1928年的西式别墅，占地面积4.699亩，建筑面积900平方米，共有大小房间36间。别墅外立面考究，内装修精致，临湖位置极佳。它曾是蒋介石夫妇来杭时的行辕。

此楼上下三层，左右三开间，楼内有居室多间，配上客厅、厨房、餐厅、门房、厢房等，各种设施一应俱全。楼内的门、窗、护墙、壁炉、楼梯、地板等均采用高档木料，用量极大。仅窗饰一项，就有纱窗、百叶窗、玻璃窗三层加宽大窗台、窗框等。走进内里，仿佛走进了木筑的世界。

原先汽车可直抵别墅内门的风雨廊棚，拾级而上，左右楼梯均以汉白玉构建，楼梯半道平台铸有一铜质喷水小鹿，并筑有鱼池一方。二楼走廊贯穿南北，步入南端的大阳台，西湖山水尽收眼底。远处，孤山峙立，苏、白两堤似带；近旁，芳草绿茵，湖滨长廊蜿蜒。“三面云山一面城”，仿佛缀成了一个偌大的花环。

别墅庭院也相当宽敞，西侧有一精致花园，欧式石柱至今犹存；东南侧有一欧式大草坪，绿树成阴，繁花似锦。整个院子用花砖砖墙围护，绵延百米。蒋氏夫妇对这所与庐山“美庐”、上海“爱庐”齐名的居所十分喜欢，常常来往。

◎竺可桢◎

◎链　接◎

■竺可桢　著名学者、原浙江大学校长竺可桢曾于1937年3月30日在澄庐拜会蒋介石。他在日记中写道："11点半偕叔谅、布雷至澄庐。其地昔为盛宣怀四子产业，故称澄庐。内结构颇精致而房间不多，楼下地下室极矮小，楼上会客厅系走廊所改……"

■蒋介石　祖籍奉化，他或途经杭州，或休养小憩，或开会公干，常来西湖居住。特别是当他人生得意失意之时，与溪口一样，西湖澄庐也是他的憩息地和避风港。1927年12月，蒋介石与宋美龄在上海完婚，"旅行结婚"的第一站就是西湖；1937年初，他因"西安事变"受腰伤来西湖等地疗养；同年3月下旬，他又与中共代表周恩来、潘汉年在杭州秘密会晤，国共取得了一定的谅解……蒋氏夫妇每次在澄庐住下，余暇之时总要携子带孙游山玩水，观光赏景，西湖的名胜古迹几乎都留有他们的踪迹。1937年春天，蒋经国夫妇从苏联归来，即由沪抵杭，在澄庐拜见了父亲和继母。当晚，蒋氏夫妇在"西湖第一名店"——楼外楼为儿孙洗尘，临窗饮宴、兴高采烈。席间，宋美龄还指着西湖醋鱼、龙井虾仁等名菜向俄籍媳妇蒋方良介绍说："这几只菜是你阿爸最喜欢的家乡菜，多尝尝。"据说这是蒋家多次上楼外楼用餐最为高兴的一次。

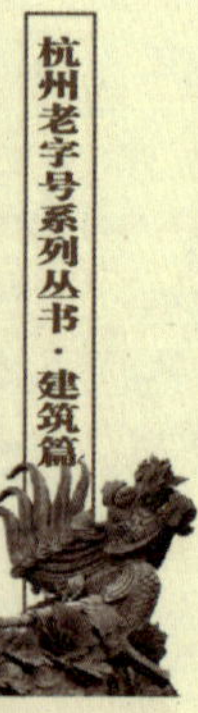

○始建于清光绪三十三年（1907）○

汪　　宅

◎位于上城区望江路胡雪岩故居对面的汪宅是座二层砖木结构的老房子，是当年胡庆余堂账房先生汪秉衡所住的老屋，占地三亩多，与有“江南第一豪宅”之称的胡雪岩故居遥相呼应，为杭州地区典型的晚清民居建筑。

◎建筑现状◎

◎汪宅位于杭州市上城区望江路266号，现为民居杂院，是杭州市文物保护单位。

◎建筑结构及特色◎

汪宅建成时，前有大院，后有花园。建筑物鳞次栉比，有正厅、花厅及边厅共三个相对独立的单元。头墙门前，沿马路有整齐的楼房一排六间。进头墙门后，右侧有平房三间，左侧有轿厅三间 ，中为天井。进入二墙门后为上下两层的正厅主建筑物，即今266号。轿厅旁有一拱形墙门，内为花厅。花厅前有亭台楼阁，天井地面铺有鹅卵石，配有假山、石笋，还种有三丈高白玉簪花等树木。经假山、鹅卵石小径，通往深处有一眼优质水井，望仙桥堍的“奎元馆”面馆用水，便是每天早晚派人前来汲取。花厅主建筑物，即今264号。沿马路楼房往东延伸为边厅，即今265号。墙外并排竖有“一经堂汪界”的界石及咸丰三年（1853）奠基石碑。

汪宅建筑用材十分考究。大厅地坪一律用平整光洁的大方砖敷设，墙门的大门为黑栗材质，室内用具多为明代红木家什，连厅室庭院四周的挂落、牛腿、砖雕、木雕乃至马头墙上的狮子，均精雕细刻，美轮美奂。

宅后花园的东北及东南各有一棵二三十米高的参天大冬青，相对而立，胸径达100厘米。园北有一棵枝叶茂盛、苍老遒劲的古柏，树龄逾百年，胸径六十厘米。大冬青与古柏间有竹园一片。园西有假山砌成的花坛，植有八棵腊梅。毗邻尚有成带排列的石榴树、桃树及树龄五十年的香樟树和蔚然成林的金桂、银桂。园西有一棵树干挺拔的紫薇，胸径四十五厘米以上。花园正中央有一棵白沙枇杷树，来自塘栖，胸径二十五厘米以上。不远处还有六口荷花缸，荷花缸一侧有一长条青灰色石甬道。甬道尽头紧挨竹园有一眼深井及洗涤用的石捣臼。甬道旁有文旦、石昌蒲、生石花、绣球花、大理花、牡丹、芍药等树木花卉。花园规模不小，经园艺者匠心独运的规划设计，种植了为数众多的观叶类、花木类、观果类等花木，是一个城区难得的园林花圃。汪宅还曾是著名的书画家吴昌硕、楼辛壶的寓所。他们在汪宅长期客居。经常泼墨挥毫，创作了不少丹青佳作。这些上乘之作经精工装裱后被珍藏着。而他们在汪宅的居室——飞鸿堂，至今犹存。

放
廬

◎建筑现状◎

◎放庐又称黄庄，位于南山路涌金门外濒湖处，前些年为杭州老年公园茶室所在地，现重建一新，为南宋“涌金楼”的再现。

○始建于中华民国十三年（1924）○

放　　庐

◎1924年，辛亥革命老人黄元秀归隐西湖，拿出多年积蓄，委托上海法租界工部局的潘剑求工程师设计了图纸。黄元秀准备建一幢三层楼屋，与对湖的白云庵遥遥相对，由杭州王杏生营造厂按图纸精心施工。

◎杭州著名的“清平山人”涂映璞在《放庐记》中曰：“陆如岛，水如环，舟出于湖，车及于市，有桥、有闸、有堂、有楼、有园、有石、有奇花异鸟、资生之具具焉。炉有香、瓯有名、壁有画、插架有经、倚床有剑、适性之具亦具焉。咢地不逾亩，而千顷湖光、两峰云影，尽来眼底，画意诗情、茶香书味，往来奔放于明窗净几之间。”

◎黄元秀为私宅取名“放庐”，寓意有二：一是开放门户，集天下为公者振兴中华；二是放生西湖。“放庐”匾额由黄元秀知交、国画大师吴昌硕题写，悬挂于客厅。而门联则是黄元秀集格言亲笔所书：“花繁柳密处拨得开方见手段，风狂雨骤时立个定才是脚根。”

◎建筑结构及特色◎

放庐为砖木结构三开间三层楼房，占地面积近两亩，建筑面积三百余平方米，青砖实叠，地板铺楼，坡顶琉瓦，中西合璧。一楼为客厅，二楼为居室，三楼为佛堂。楼前有园，园中有桥，桥名“瑞文”。瑞文桥一侧立有黄元秀亲笔题写的“西湖放生”石碑，另一侧竖有一块高大的太湖石——瑞云石。

◎链　接◎

放庐建成后，成为西湖一景，成了各界名人雅集之所，革命家、政治家、书法家、画家、佛学家、拳师、剑客纷至沓来，聊古论今，谈天说地。故而，有人称放庐为据点，为画室，为武馆，为精舍，可见其影响之广。

画家张大千年轻时曾居放庐，与黄元秀称兄道弟，情同手足。1964年4月，他有“放庐眺湖”一画并题词托人带给黄元秀，而黄已于这年2月去世，终成憾事。张大千此时尚不知其四兄亡故。在台北又托人莅杭探询放庐主人情况。友人修书复命，改唐诗而答之：“四兄已乘黄鹤去，此地空余放庐楼。黄鹤一去不复返，翠黛烟波水悠悠。”大千先生见之，黯然神伤，归思难收。

膺白楼

○创建于中华民国二十三年（1934）○

膺白楼

◎南山路113号的大华饭店分部，是一处濒湖临街、闹中取静的宅屋。围墙高立的院内，假山重叠，池沼小巧，古木参天，曲径通幽，给人以隔世的感觉。

◎这座占地数亩的西式别墅，竣工于抗战前夕，它的主人为中国近代大名鼎鼎的黄郛。

◎建筑现状◎

◎唐白楼位于南山路113号的大华饭店分部内，现为1917花园餐厅。

◎建筑结构及特色◎

东侧奶黄色的二层西式别墅，体积宽大，构筑精致，南面有一钢筋水泥浇砌的楼台，上为阳台，下为廊棚，汽车可驶入廊棚，直达门厅。北面邻湖处和西面朝花园处，上下都有宽大阳台，宜于眺望湖光塔影和观赏院内秀色。全楼上下，客厅、书房、卧室、餐厅、起居室、卫生间、储藏室、阁楼、壁炉等一应俱全。室内装饰也颇为考究，一色的柚木地板，一色的宽大钢窗，在当时堪称一流。

◎黄　郛◎

◎链　接◎

黄郛，字膺白，1880年3月生于浙江绍兴百官镇。1905年，他以浙江省第一名的成绩被清政府选派赴日留学，专攻军事。同年秋，在东京加入同盟会，并与黄兴一起创建了“丈夫团”，成员有李烈钧、阎锡山、张群等。后又在日本结识陈其美、蒋介石等人。辛亥革命后，黄郛在沪军都督陈其美麾下任参谋长兼第二师师长，而蒋介石其时任第二师第五团的团长。这三位浙江籍的留日学生政治目的相同，意气相投，便“桃园三结义”并且誓约：“安危他日终须仗，甘苦来时要共尝。”后来，蒋介石赠陈、黄宝剑各一柄，剑上镌刻此联语。三位盟兄弟参加了光复上海、进军杭州和攻克金陵之役。

“二次革命”后，黄郛出国考察。1922年，黄郛从欧洲回国，先后担任北洋政府的外交总长、教育总长和代理内阁总理，还一度摄行过北洋政府总统职权。1927年5月，黄郛被任命为上海特别市市长，也就是上海的首任市长。1928年5月，日军炮轰济南，制造了骇人听闻的惨案，时任国民政府

外交部长的黄郛与蒋介石一起听任事态发展，全国为之震惊愤慨。黄郛于是引咎辞职，“闭户读书，潜心研究”，过起了隐居生活。在莫干山的几年中，黄郛与夫人沈亦云创办了不少农业、水利、教育公益项目，在江南均属领先，对莫干山的发展不无功劳。

1934年，黄郛花费巨资在西湖南山路建造别墅，谁料他还未曾入住就因肝病于1936年12月6日病逝上海。黄郛逝世后，夫人沈亦云继承他的遗愿，继续从事社会公益事业，口碑甚佳。1937年3月底国共两党“西湖会谈”期间，周恩来和张冲曾同上莫干山，在黄郛的“白云山馆”别墅继续国共两党的磋商。抗日战争爆发后，沈亦云致电蒋介石，将黄郛在西子湖畔的这座别墅，连同宅内所有名贵器具、字画、古董等价值几十万元的资产，全部捐赠于国家，以充抗战经费。

抗日战争胜利后，这座别墅经修缮，作为国民政府主席行辕，蒋介石夫妇来杭时曾下榻此处。南山路也曾改名为膺白路，以纪念黄郛这位“党国要人”。

黄郛在莫干山的“白云山馆”别墅目前仍保存完好，有关部门还在山下为黄郛夫妇重建了墓地、重竖了墓碑。西湖南山路的别墅也房尽其用，不枉黄郛一番心血。

○创建于中华民国二十四年（1935）○

恒　　庐

恒庐古井

◎在恒庐院内围绕主楼有东西南北一圈小径，树木茂盛，花草扶疏，其中有住户引以为豪的19棵树木，还有园中的一口老井。

◎建筑结构及特色◎

恒庐建于1935年，占地面积1.388亩，主楼建筑面积419.29平方米，为一青砖实叠洋瓦的假三层三开间西式洋房，共有大小房间20个。恒庐围墙为巨型山石砌就，图形错落有致，厚重朴实，透发出一股斑驳沧桑的历史气息。

恒庐主楼坐北朝南，南北皆有台阶、门廊。而整个宅院的入口门楼朝西，面向南山路，当时的门牌为南山路32、34号。如今，古朴盎然的迎街门墙上方，仍有著名学者、书画家余绍宋所题“恒庐”石刻横匾清晰可见，历经六十多年的风雨而不变，一如“恒庐”两字的本意：亘古不变，恒心永存。

◎链　接◎

在南山路的“美术村落”中，有一幢建筑值得一说。它虽不属于中国美术学院的建筑系列，却是艺术大家云集之所，著名的“恒庐讲堂”就开设于此。

恒庐原为张氏家族的产业，名医张星一、俄语教授张叔谦、兴业银行职员张仲肃等为其先后业主。张星一还曾在此开业行医，并在恒庐东侧靠近荷花池头处另建中西合璧式平房一幢，共有12间房，建筑面积307平方米，作为行医的诊所和病室，接待诊治病人无数。张星一后曾任杭州某医院院长。

解放后，恒庐为民居杂院。2002年在西湖南线整合工程中拆去围墙，整饰建筑，美化环境，使老屋焕发出新的光彩，成为南山路上的一个亮点。

○始建于中华民国十八年（1929）○

隐　庐

◎湖滨白傅路5号是一幢隐逸于高楼大厦群落中的豪华气派的西式花园别墅，此类欧洲古典主义风格的豪宅在城区已比较鲜见。同样不为人知的是它的名字——“隐庐”。

◎建筑现状◎

◎隐庐位于湖滨白傅路5号，格局依旧，保存尚好，现为民居。

◎建筑结构及特色◎

隐庐建于1929年，坐北朝南，主楼为三层三开间高敞楼屋，层高达3米多，共40间房，1003平方米。主楼有一门厅大走廊，四根爱奥尼克柱支撑立面，高4.3米，再奠以石质雕花底座。门厅地坪上的马赛克以及顶上的天花石膏吊顶都保存完好。楼内的木地板、木楼梯、天花石膏吊顶以及门沿上、窗沿上的雕花装饰也都保存完好，古色古香。为了建筑的坚固耐用，整栋楼全以“周福昌”、“HCT3”等高档青砖砌成；为了防潮，铺就了九十多厘米高的地基，再加设有大型通风孔；为了防噪声，全部窗户经过特别精制，以封闭式百叶窗、铸铁栏杆以及重木窗三层隔音、防盗，而且材料选用考究，至今仍完好无缺。

主楼的左侧和后侧都有附属平房，共19间，每间约有二十多平方米。主楼和辅房之外，就是亭台楼阁、假山池塘的花园，整个院子占地近3亩。

◎链　接◎

隐庐的主人吕民贵是浙江永康人，毕业于保定陆军军官学校。20世纪20年代，吕民贵在军界担任科长时，汤恩伯还是他手下的一名科员。后来吕氏官至国民党军队的巩县兵工厂厂长，授少将军衔。此时，吕氏在湖滨置地筑屋，亲自参与设计建造了这幢华丽的别墅。

隐庐的业主多次更迭。先是“扶轮社”的社址，后为英国人科登住宅。1938年8月，浙江省邮政管理局局长科登因城站原管理局办公楼被日军占领，局办公处就临时设于白傅路局长官邸内。以洋治邮、“客卿”主政，洋人牢牢地控制着中国的邮权，就是战争期间也不例外，这是一段屈辱的历史。抗日战争时期，这里又成为日本军官的俱乐部。抗日战争胜利后，隐庐才回到吕民贵的手中。解放后成为了“72家房客”的大杂院。

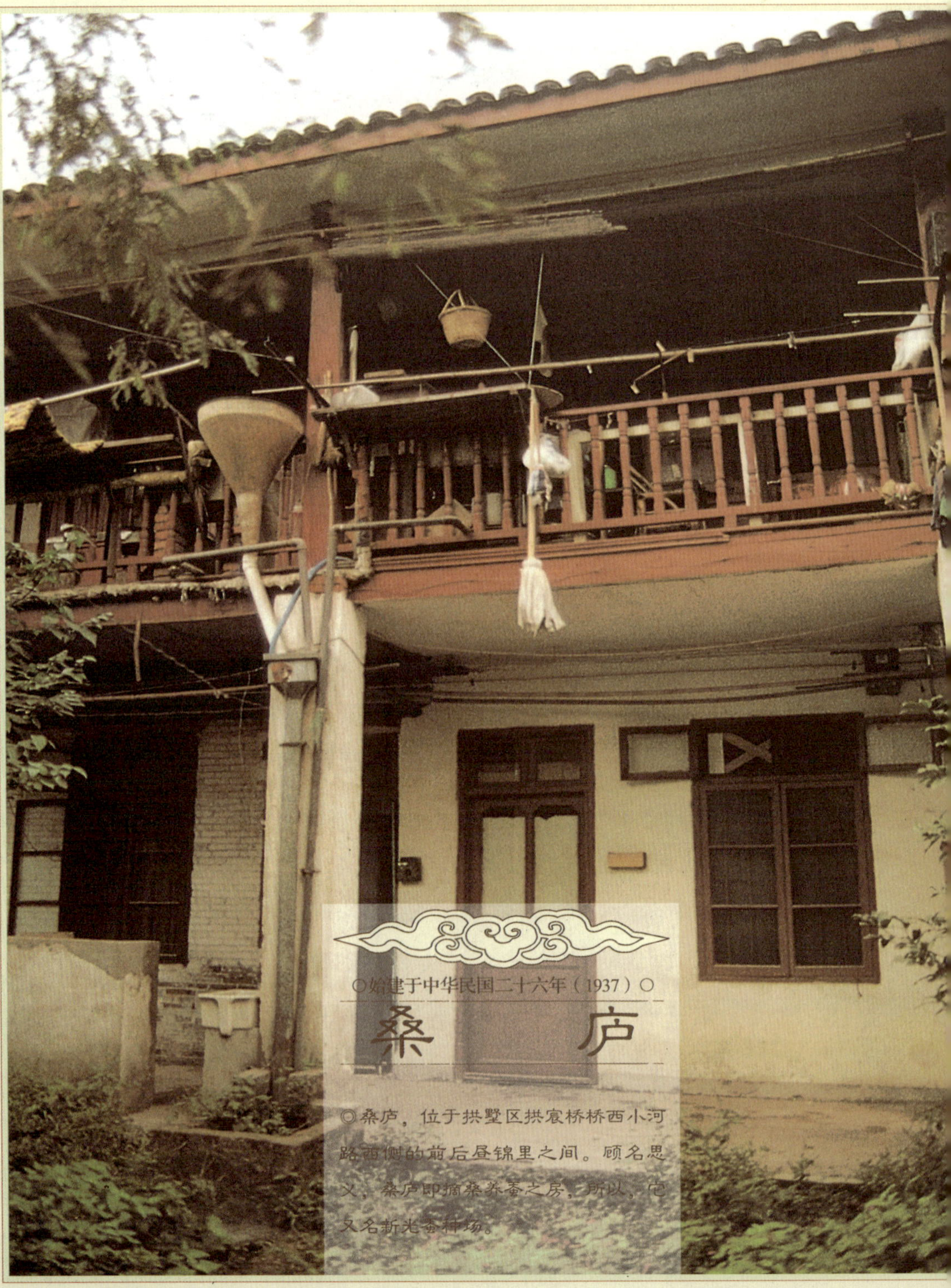

○始建于中华民国二十六年（1937）○

桑　庐

◎桑庐，位于拱墅区拱宸桥桥西小河路西侧的前后昼锦里之间。顾名思义，桑庐即摘桑养蚕之房，所以，它又名新光蚕种场。

◎建筑现状◎

◎桑庐位于拱墅区拱宸桥桥西小河路西侧的前后昼锦里之间，现为民居。

◎建筑结构及特色◎

桑庐是汪协如自己设计建造的养蚕育种基地，前后达两年之久。整个院宅占地8亩，建筑平面为四合院式。大门朝东，中间是一座长方形的庭院，筑假山鱼池，植花卉草木，空气清新，环境清静。四合院的房舍布局科学合理，可分为三个部分。

庭院北侧建有坐北朝南、砖木结构、坡屋顶层高达3.3米的两层楼房一幢，上下各8间，每间约30平方米。室内均铺装红漆地板，墙壁、屋顶粉刷洁白。为养蚕计，每间屋子前后都装置窗户还附加气窗，室内明亮，通风透气。此楼上下前后内廊廊道宽阔，外沿有11根红漆木头廊柱拔地而起，高达8米，贯通上下层，支撑屋檐。廊道外沿有雕花木护栏相接在廊柱之间。楼房的屋基甚高，全用块石垒砌，楼之东西两侧设有木楼梯，以方便上下。

庭院南侧建有平房两幢，墙高4米，共分隔成7间，每间约60平方米，其屋基、廊道、窗户等均为与楼房相同的材质和设施。其中靠东的这幢平房，是汪协如女士的办公室与住宅。

桑庐宅院四周筑有较高的围墙，围墙内侧东、西、北皆建有成片厢房。所有房舍外部都筑小径相通。院隅凿有水井两口。桑庐院内共建房六幢，总建筑面积约1800平方米。在20世纪30年代的拱宸桥地区，青砖红柱白壁绿庭的桑庐堪称中国传统建筑中最新颖美观、高爽亮丽的宅院。

桑庐建成，即为日军侵占。抗日战争胜利后，才重新整修开办了新光蚕种场，培育出“三高一好”的蚕种，为杭嘉湖一带的蚕农带来了福音。

◎链　接◎

桑庐始建于1937年，业主为汪协如女士，她早年毕业于苏州浒墅关蚕校。1931年东渡日本专攻蚕桑。她的哥哥即是陈独秀的挚友，著名出版家、大革命时期曾任中共中央出版局局长的汪原放。汪协如学成归国后，与学友一起创办蚕种场。于是以汪为法定代表人，向中国农民银行贷款，在拱宸桥西置地筑屋，从事科学养蚕育种，以提高杭嘉湖地区的蚕茧产量和质量。

雙劍樓

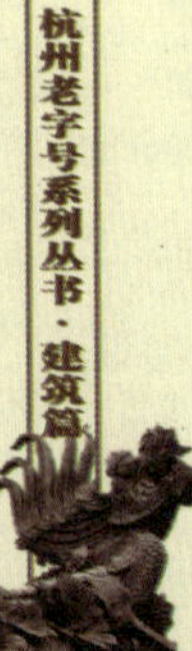

◎建筑现状◎

◎双剑楼位于上城区劳动路旧仁和村5号，现为民居，由赵曾珏亲戚住守。

少慕錢江潮壯濶長懷秋月
娟平湖此生為憶蒓魚老笑
問劍樓識我無

余于一九三七年建蝸舍於湧金門內
後名雙劍樓以紀念服務杭垣十載

趙曾珏學書

○始建于中华民国二十六年（1937）○

双剑楼

◎双剑楼是一幢众多名人居住过的西式花园别墅。曾先后居住过浙赣铁路局局长侯家源、钱塘江大桥桥工处处长茅以升、辛亥革命老人黄元秀、解放军中将丁秋生等。

◎建筑结构及特色◎

双剑楼占地面积一亩有余，四周用青砖围墙圈起，院内建筑面积四百余平方米，两层三开间的主楼有8个房间，另有3间辅房。房子建于20世纪30年代中期，由著名的杨鸿记营造厂承建，选用的是“倪增茂”青砖。平面布局呈不规则状，东南是上下两层的圆弧形筒楼，青砖实叠；西南为上下两开间带走廊阳台的长方形楼屋，水泥拉毛外墙。主楼建筑线条丰富多变，带有美式别墅风格。

◎**劳动路** 南起河坊街西段，北至涌金路东段。古清湖河流经，宋时为两浙转运使司衙所在，称转运桥街。清时名运司河下。民国25年(1936)填塞河道，筑路改称劳动路。

◎链　接◎

双剑楼的老主人赵曾珏，字真觉，上海人，曾赴英美留学，1929年获美国哈佛大学电信工程硕士学位。同年秋回国，任国立浙江大学教授。1931年8月，赵曾珏接任浙江省电话局局长兼总工程师，业务颇有起色。《申报》称："浙江省电话局由赵曾珏氏主持后，对于全省电信工程之设施，业务之整顿，不遗余力。上年度（1932年）突飞猛进，完成工作与营业收入，均比往年为优。"后历任交通部邮电司司长、上海市公用局局长。1949年初赴美考察，后留居美国。

双剑楼多次易人，名流云集，曾先后居住过浙赣铁路局局长侯家源、钱塘江大桥桥工处处长茅以升、辛亥革命老人黄元秀、解放军中将丁秋生等。

1986年，85岁高龄的赵老重回西湖，赴双剑楼探视。站在400余平方米的花园里，望着这幢他亲自画图设计的老屋，这位美洲中国工程师学会首任会长百感交集，赋诗一首曰："少慕钱江潮壮阔，长怀秋月媚平湖，此生为忆莼鱼老，笑问剑楼识我无"。并书："余于一九三七年建蜗舍于涌金门内，后名'双剑楼'，以纪念服务杭恒十载。"诗言志，赵老毕生难忘是西湖。是年，双剑楼落实政策，归还给了赵老。

劉莊

杭州老字号系列丛书·建筑篇

◎刘庄现为西湖国宾馆之一部。

○始建于中华民国初年 ○

刘　庄

◎毛泽东主席生前将西湖视为他在湖南、北京之外的“第三个家”。

◎从1953年到1975年，他曾43次来到西湖，有时一年要来几次，有时一住就是半年。他在西湖总共工作、生活了将近八百多个日日夜夜。毛泽东来杭，下榻处之一便是“西湖第一名园”——刘庄。

◎刘庄占西湖风光之灵秀，此地原为晚清进士刘学询的私家园林。它背倚丁家山，三面临西湖，雅号“水竹居”。20世纪50年代末，经著名园林建筑学家戴念慈的精心设计，依据“门开绿水桥通野”的造园艺诀，将原刘庄、韩庄、杨庄、康庄、范庄五个庄园合并一园，保留名景胜迹，增筑楼廊桥亭，遍植树木花卉，使36万平方米的刘庄空间更为广阔，环境也更为清幽，号称“西湖第一名园”。

西湖第一名园·刘庄

◎链　接◎

毛泽东居住的一号主楼，位于旧刘庄濒湖处，原有建筑面积1369平方米，因是晚清建筑，年久失修，很不安全。1959年初，有关部门决定在刘庄为毛泽东改建住所。戴念慈领受了任务，工程代号为“5901”。负责这项工程的原浙江省公安厅厅长王芳同志对这项工程的要求是建筑外观比较朴素，室内设施比较精致。这既是出于安全和保密的需要，外观不能太显眼，也是因为毛泽东不喜欢豪华奢侈。这些要求与戴念慈的思路正好吻合，他说：“毛主席是伟人，但看到他的生活很俭朴，设计应当适合这种要求，讲究实用，不求豪华。”戴念慈参观了西湖汪庄毛主席住所和上海花园饭店毛主席住的房间，这两处共同的特点是室内高大，家具尺寸也比较大，这与毛主席的身材和喜好有关。

戴念慈在保留旧园胜迹的基础上，以原有建筑的岭南风格为前提，设计了一组建筑，分甲、乙、丙、丁四个部分。甲部、乙部相连为毛主席一家生活的地方，是主体建筑。丙部、丁部距甲部几十米，用连廊相连，为随行人员用房。甲部内有会客厅（会议室）、起居室、餐厅及卧室。乙部包括一个乒乓球室和一个供江青看电影的礼堂。甲、乙之间用一条青竹长廊连接。建筑群的主要部分甲部紧沿着湖岸展开。根据湖岸的形状，布局很自由。面湖及朝向佳的是起居室、卧室和书房，北面为餐厅、会议室和厨房。南北两部分中间有个修竹小院，东西各有一个入口。

戴念慈将建筑功能的现代与形式的传统尽量结合，房间根据不同的功能需要做成不同高度，会议室6米，毛主席的卧室、起居室5米，江青的房间4.2米，这样虽然大都是一层的体型，却产生了高低错落的效果；他在东入口旁的会议室部分用了悬山屋顶，其北墙上开大窗，使之成为草坪上的构图要素。而在餐厅的北外墙上，设有六个方形抹角的石雕壁龛，为松、竹、梅“岁寒三友”的传统题材，颇得园林小品的神韵和意趣；再加上运

◎人物链接◎

◎戴念慈(1920.4－1991.11)江苏无锡人。擅长建筑设计。1942年毕业于中央大学建筑系，后留校任教。曾在重庆、上海等地建筑事务所任建筑师。1950年后历任中央修建办事处、财委总建筑处设计室主任，中国建筑科学研究院总建筑师，城乡建设环境保护部副部长、顾问，高级建筑师。建筑设计有中国美术馆、斯里兰卡纪念班达拉奈克国际会议大厦等；他设计的山东曲阜阙里宾舍曾获建设部一等奖。

用了卷棚歇山、歇山、悬山等多种不同的屋顶形式，使建筑既取得了丰富的形体效果，又有着较为浓郁的乡土气息，可谓用古典“语汇”做出了现代的“文章”。

今天，我们所见的刘庄一号楼（甲部）仍然显现着“朴素、淡雅、隐蔽”的风格特点：青瓦盖顶，水泥抹墙，灰绿色调，从湖面陆上看去都不抢眼，古色古香，与自然风景和周边古迹相得益彰。20世纪70年代以来，美国总统尼克松、南斯拉夫总统铁托、法国总统蓬皮杜、朝鲜人民民主共和国主席金日成、新加坡总理李光耀等四十多个国家的元首和政府首脑均曾在此下榻。

坚匏
别墅

◎建筑现状◎

◎坚匏别墅在西子湖畔北山街，保俶山上，现为民居。

○始建于清末民初年间○

坚匏别墅

◎“西湖第一名园”为刘庄。刘庄有个“小弟弟”叫小刘庄，亦称小莲庄，大号“坚匏别墅”。

◎链　接◎

近人严延桢诗曰："山坡筑屋面西湖，隔岸垂杨入画图。凿石为阶饶古意，栽花成径没平芜。残荷未尽叶犹绿，丹桂迟开芳更腴。春色不如秋色好，主人几度享清娱。"

这座风格别样的江南园林别墅的主人，乃是湖州南浔"四象"之一的江南首富刘氏。刘家自刘镛始，驰骋丝业，纵横盐务，行空典当，游刃房产，至清末民初已聚财2000万元。

刘家在上海、青岛、汉口、长沙、扬州、莫干山等地都有大量房产，其规模不亚于上海滩的犹太地产商哈同。浙江的一些著名建筑更是与刘家有关。如刘镛之子刘锦藻营建的湖州小莲庄，刘锦藻之子刘承干修造的嘉业堂藏书楼，以及他们名下的莫干山小莲庄，西子湖的小方壶别墅、留余草堂、坚匏别墅等。

刘家在湖州南浔的私家园林小莲庄和嘉业堂藏书楼毗邻相连，为江南一

◎刘锦藻（1862—1934）原名刘安江，是刘镛的第二个儿子，字澄如，蓄志励学，按照其父走科举之路的理想，终成一代饱学之士。他于清光绪十四年（1888）乡试中举，光绪二十年（1894）与南通张謇同榜登甲午科进士，成为南浔刘氏第一个在科举上成功的人。此后几年中被清廷留任京官，担任工部主事、行走、郎中等小官。1899年其父去世后，他回南浔奔丧，办理家乡慈善事业，从此不再北返，挑起了家族事业的重担。

大名胜。一池风荷围定楼台，一院书香偎伴在侧，分明让人看到其子孙后代的根骨——未染铜臭的文人雅士的境界和涵养。西湖小刘庄因是别业，与之相比，则更显小巧而精致，更为贴山而合水，也更为清朗而幽雅。

据《新西湖游览志》记载："墅在山麓，游人必蜿蜒而上，石阶曲折，细草夹道，入室轩敞，而陈设均极简古。偶一凭高闲眺，宝石山、顿开岭均若萦带左右，而湖风扑爽，尤有飘飘凌云之致，可以在湖庄夺一重席。"

著名学者俞平伯先生青年时居于孤山俞楼，暇时常游庄赏园。他对小刘庄这个栽花种竹、别具风格的庄子十分欣赏，曾在1928年5月27日写下过一篇美文《坚匏别墅的碧桃与枫叶》："十分春色，一半见枝头，一半见尘土，亦唯其如此……春色的确有十分，决非九分九。"

几十年后，著名园林学家陈从周先生"也按着俞先生的文章，悄悄地去欣赏过小刘庄的春色，这个平静超逸可居可望的庄子，与现在的豪华宾馆园林不能同日而语，有个性，有境界，有江南人的风情……小刘庄也应该修一下，留下一个与众不同的游憩地"。为此，他也写下一篇美文《西湖小刘庄》，在文章的结尾这样写道："小刘庄占地小楼小庭院小假山小，花木楚楚有致，故名小刘庄，而可望西湖，小中见大，其突出在一小字，我爱小刘庄。"

小刘庄在宝石山下的古木绿荫、青苔阶石间，进内探访时，使人以为走进了时空隧道：一边是21世纪车水马龙的街道，一边是有千年古塔，百年苔痕的山麓；一边是时尚，一边是孕育时尚的历史。在刘氏眼中，荒江都邑原是一色，正如钱多钱少无甚区别，只要存心高雅，取用有道，名场钱市又怎能污浊到人之性灵。所以他们仍花钱在各地买大宅子，造漂亮的园林，并让这园林成为后人透看他见识器局之所在。这份文雅实在，或许就是刘氏三代让人咀嚼再三的地方吧。

眼下，小刘庄轮廓依旧，遗迹尚存。这不，照片上的"门面"和那口老井分明还是当年的"原汁原味"。倘能修复，则湖山幸甚！

松鹤山庄

○始建于中华民国初年○

松鹤山庄

◎松鹤山庄位于原西山路6号，现杨公堤景行桥东南角。松鹤山庄又名松鹤庄，此地旧称法公埠，北近刘庄，南邻蒋庄，依山面湖，傍桥临溪，环境十分幽雅。山庄是一幢单门独户的宅院，民国初年修建，房主系晚清时期洋务运动的开创者之一、清邮传部大臣、著名实业家盛宣怀（字杏荪）妻庄氏私宅。

◎盛氏家族在西湖有多处产业，西泠桥逸、俞楼西侧旧有盛氏家祠；南山路口、一公园边著名的澄庐是盛宣怀四子盛恩颐的别墅；而松鹤山庄是盛宣怀妻子庄夫人（字韵香）的西湖别业，也是她打算养老送终之所。盛宣怀与庄氏都是江苏武进人，盛宣怀死后，庄氏来杭，颐养天年，故命名其住处为“松鹤庄”，取松鹤延年之意。

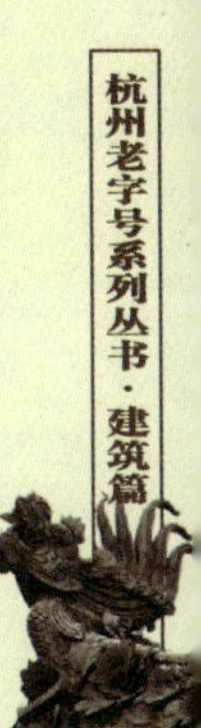

◎建筑结构及特色◎

庄内主体建筑是一幢中西风格结合的二层洋楼，面阔三间，二间进深，歇山顶，正门两侧饰爱奥尼克门柱，门窗上饰华美的山花，庭院中满铺青石板；房前屋后，楼上楼下，檐下挂落，窗上铁栅，门上山花均为原物；另有辅房数间，庄内共有建筑面积达两百多平方米。

2003年7月，在湖西综合保护工程中，施工人员在庄内荒草从中发现了一座“生圹墓”，即死者生前建造的坟墓。并挖掘出一块既有底座、又有碑盖，两边还有完整石栏杆的墓碑。墓碑用料极为讲究，采用的是上等的太湖石。在碑盖和底座上，均刻有雕工精致的花纹。后经文物专家鉴别，这块刻满楷书，长186厘米，宽96厘米，厚19厘米，重约一吨的墓碑，就是“庄韵香女士生圹铭”，刻于民国十一年，也即1923年。

松鹤山庄现已修缮一新，恢复其本来面目，迎接四方游客。

◎链　接◎

盛宣怀(1844－1916)，字杏荪，出生在江苏武进的一个传统官宦之家。盛宣怀少时即表现出聪慧过人的一面，但八股学问不行，曾三次乡试名落孙山，最终“绝意科举”。1870年，盛宣怀进入了李鸿章的幕府，很快就平步青云，成为李鸿章手下不可或缺的一员得力干将。

由于镇压国内叛乱和两次鸦片战争，清政府内一批有识之士很早就认识到了西方先进武器的作用。曾国藩等人开始筹建近代工业，其发端为军工企业。

1873年，盛宣怀成为轮船招商局会办，1880年任电报局总办，1892年任天津海关道。1893年10月，李鸿章筹办了10年但开张仅2年多的上海机器织布局发生火灾，几乎毁于一旦。盛宣怀临危受命前往上海善后，在不到两个月的时间之中，筹集了200万两的资本，并将重新开张的织布局改名为华盛纺织总厂。

中日甲午战争之后，李鸿章所倡导的洋务运动在国民心中破产，个人地位随之一落千丈，盛宣怀也受到一定影响，但他很快抓住了新的机遇，接手了湖广总督张之洞的烂摊子汉阳铁厂，1898年又开办萍乡煤矿，为日后建立汉冶萍煤铁厂矿公司建立了基础。

1897年1月，铁路总公司在上海正式成立，盛宣怀以四品京堂候补督办铁路总公司事务。同年5月，盛又在上海主持开办了中国第一家官办新式银行——中国通商银行。此时盛宣怀所管辖的企业横跨重工业、轻工业、交通运输业和金融业，总揽了关系中国经济命脉的洋务企业，自己也达到了人生的顶峰。

1902年，袁世凯任直隶总督兼北洋大臣，随即开始与盛宣怀争夺洋务企业的控制权。最终，铁路总公司被裁撤，盛宣怀在电报局中的势力完全丧失，招商局亦受到影响。1911年盛宣怀就任邮传部大臣，由于其将已经允归商办的川汉、粤汉铁路交由列强修筑，而引发了辛亥革命，并被斥责为卖国贼，不得不亡命日本。

1916年4月27日，盛宣怀在上海病逝，终年73岁。

康莊

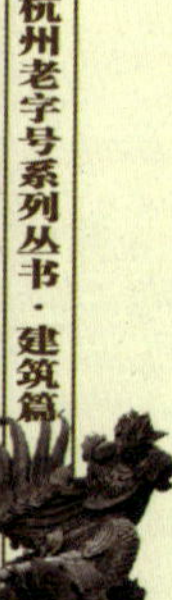

○始建于中华民国六年（1917）○

康　　庄

◎康庄位于西湖区丁家山上，现属西湖国宾馆的一部分，但仍有遗迹可寻可访，可思可想。

◎1916年夏，“前清遗老”康有为来杭，浙江督军吕公望、警务处处长夏超安排康有为到刘庄避暑。康虽为铁杆保皇党人，但因是袁世凯的死对头，民国后也依然受到一些新党要人的敬重。康有为一听住刘庄，不禁兴高采烈起来。这刘庄本是他的老同乡、老冤家刘学询的庄园。此次能“杀”进刘公馆“潇洒”一回，可报了当年遭刘暗伤的一箭之仇。康有为在刘庄闹了一个月，伤了刘学询的心，可他自己却爱上了西湖山水：“这地方实在太美了！”康有为于是买下了刘庄北边的丁家山和山下的一大块地。1917年5月，“辫帅”张勋复辟失败，再次失意的康有为又漂落南下，浪迹西湖。由于其特殊的身份和历史的原因，仍受到了浙江当局的特殊关照，并即刻筹划为其在丁家山建造庄园别墅。

◎建筑现状◎

◎康庄位于西湖区丁家山上，现属西湖国宾馆的一部分。

◎链　接◎

丁家山，旧有“西湖十八景”之一的“蕉石鸣琴”景点。此处三面临湖，与孤山遥遥相对，故又名“小孤山”。自清朝浙江总督李卫在此辟山道，植桃花，筑亭台，始知名于世。丁家山东北阶梯之处有一石壁，高一丈许，前有一石，卓立如屏，称为“蕉屏”。屏内置以石桌、石几，莹润无尘，携琴于此，奏一曲《梅花三弄》，确为赏心乐事，故称“蕉石鸣琴”。

康有为的别墅“一天园”就筑于“蕉石鸣琴”之上。此园占地三十余亩，费银四万余两，耗时四年，分11期于1921年始得完工。康有为在山下立一山门，自题“康庄”两字于门上。园内主要建筑有人天庐、明瑟亭、饮幽亭、石老云荒馆等。

康有为对此园甚为满意，还洋洋洒洒地撰了一篇《一天园记》，述道：“园之在杭之西湖丁家山。山旧名一天山，吾以名吾园。以南高、九曜、玉皇、凤凰、紫金、紫阳、吴山为左垣，以天竺、灵隐、北高、秦亭、栖霞、葛岭为右墙……杭城井闾，楼观万家，烟树点画……”一天园内植奇草异卉，多灵穴奇石，有石壁题刻。而康庄当时的陈设，仍反映出康有为的保皇思想。其中有外国皇帝坐过的椅子、光绪皇帝赐给他的古玩，等等。康有为搬入康庄后，一时宾客如云，高朋满座，交游宴集，应酬不断。但这雅致优美的山庄景色、笙歌丝竹的热闹场面，冲淡不了康有为内心的寂寞寥落。他的一副对联颇能反映他当时的心境：“割据湖山少许，操鸟兽草木之权，斯亦为政；游戏世界无量，极泉石烟云之胜，聊乐我魂。”

1927年，康有为逝世于青岛天游园，时正值北伐军攻占浙江，张静江出任浙江省政府主席。他下令查封一天园，理由是“保皇余孽，占据公产”。康有为的遗孀托人去说情，张静江也毫不买账。抗日战争时期，康庄被毁，庭园荒芜。1953年，一天园并入刘庄。现仅存几幢老屋和康有为亲书的“蕉石鸣琴”、“潜岩”等题刻。

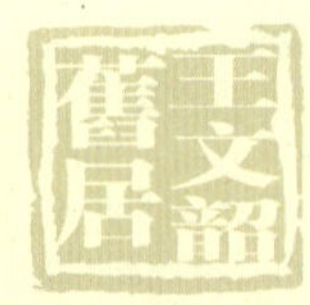

○始建于清朝末年○

王文韶旧居

◎王文韶大学士府位于上城区清吟巷10号，为晚清体仁阁大学士王文韶宅邸。

◎王文韶一生奔波在外，然对故乡杭州还是一注情深。他祖上早在康熙年间，就已居住在清吟巷。至咸丰年间，家道中落，子孙流散，在杭的宗族几乎不存。王文韶自己是在上海嘉定长大的，家境贫困的他发愤读书，终入仕途。1871年，他由左宗棠、李鸿章举荐为湖南巡抚。此时，他读到了杭州诗人、清吟巷族祖王乃斌的《红蝠山房诗钞》，了解到曾有五只红蝙蝠绕梁飞行于清吟巷祖宅的吉利之兆。所以他进京为官后，即用巨款买下了清吟巷前后左右的大片房地产，兴建了规模宏大的大学士府，以光宗耀祖。而此前，王文韶已在杭州钱塘门外筑有味莼湖舍，俗称王庄。

◎建筑现状◎

◎王文韶大学士府在今杭州市上城区清吟巷，现为杭州市文物保护单位。

◎建筑结构及特色◎

大学士府位于城区中河的东侧，跨连清吟、杨绫子两巷，占地面积二十余亩，府邸正门为今清吟巷10号。府内原有“退圃园”、“红蝠山房”、“藏书阁”等大小厅堂楼阁、花园天井数十个，进门就可看到蓝底金边蟠龙的“太子太保大学士第”的匾额，厅堂上挂满了“重访泮水”、“重赴鹿鸣”、“宣纶笃祜”、“夔纬调序”、“松茂柏悦”、“兰馨松盛”等数不清、记不尽的匾额题对。现仍有门厅、轿厅、中厅、大厅、戏厅、鸳鸯厅等古建筑，轮廓依旧。尤其是现为清吟巷3号的藏书阁，楼阁高耸，重檐翘角，雕花构栏，黛瓦青苔，一派古色古香的明清风格，令人叹为观止，是杭城不可多得的“原汁原味”的古建筑。

大学士府现存占地面积5000平方米，原布局结构大部分尚存，然但府内后期搭建、添建、改建较多，古建筑年久失修，日趋破败。但仍是杭州为数不多的十分珍贵的大型木结构文物建筑。

◎王文韶◎

◎链　接◎

■王文韶(1830－1908)，字夔石，一字赓虞，仁和人。清咸丰二年(1852)进士。同治三年(1864)任湖北安襄郧荆道盐运司，后由左宗棠、李鸿章举荐为湖北按察使，十年（1871）升为湖南巡抚。抚湘6年，因政绩突出人权兵部侍郎，值军机处。光绪十五年(1889)擢云贵总督。二十一年（1895）调任直隶总督、北洋大臣。二十四年（1898）以户部尚书、协办大学士人直军机处，为军机总理衙门三大臣之一。二十六年（1900）后，充国史馆副总裁、总裁，授体仁阁大学士、政务处大臣、督办路矿大臣，又转授文渊阁大学士、武英殿大学士。在湖南巡抚、云贵总督任内，曾多次镇压农民运动和苗民起义。中日甲午战争后，在直隶总督、北洋大臣任内，曾多次疏陈建议加强北洋海防、整顿水师、重建旅顺大连炮台。王文韶认为，南北海防，以天津为根本之地，以大沽、北塘为内户，以金旅、威海为外户，而山海关、营口等处，分扼水陆要冲，互为犄角，环海三千余里，务必统筹海防。并在兴修水利、开垦农田、兴办学校等方面有很多建树，奏设北洋大学堂、铁路学堂、育才馆、俄文馆、西学水师各学堂、上海南洋公学等。八国联军攻陷北京时，携带军机处印信奔赴怀来，随慈禧太后逃往陕西。死后追赠太保，谥文勤。

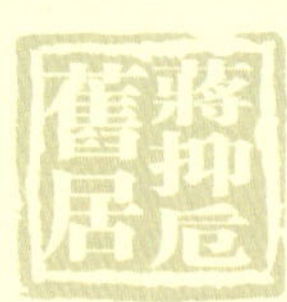
蒋抑卮
舊居

◎建筑现状◎

◎蒋抑卮故居，位于积善坊巷8号，现保存完好。

○始建于中华民国十八年（1929）○

蒋抑卮旧居

◎积善坊巷，原名上百戏巷，杭城官巷口、中山中路附近一条不起眼的小巷，小巷的8号，却是一座占地3亩的华屋美室。它的主人就是大名鼎鼎的"蒋半城"——蒋抑卮。

◎链　接◎

蒋抑卮曾师从章太炎，1902年秋东渡日本学习经济，结识鲁迅、许寿裳等人，成立浙江同乡会，资助百余元，出版《浙江潮》，使之成为辛亥革命前夕的主要革命刊物之一。

归国后，蒋抑卮积极参与“保路拒款”运动，倡议设立浙江兴业银行，并说服其父蒋廷桂率先认股，垫款十余万元。1907年5月，浙江省第一家银行试营业，蒋抑卮以董事职掌实权。当时，元宝街鼎鼎大名的“江南药王”胡雪岩的故居一角——芝园，已为蒋家买下。其中楼台亭阁、花园鱼池、假山石笋不计其数，精刻细雕、古色古香的高堂华屋，都是点铜漏格，约有百余间。整个园子足有一二十亩，是当时杭州最为精致的建筑之一。为建兴业银行，蒋抑卮将芝园的楠木厅和园内的红木家具、大理石等名贵材料悉数拆去，用作新大楼建筑装修。从羊坝头兴业银行这座近代优秀建筑的室内装修中，仍可见到当年芝园的楠木、红木等材料。

辛亥革命后，以丝绸起家的老东家蒋廷桂年逾八十，子孙辈则倦于其事，由此收缩丝业，至1927年，积善坊巷的蒋广昌绸庄即告结束。而蒋家依然财势两旺，这得益于蒋抑卮投资铁路、电厂、银行、房产、股票等新兴事业的收获。其时，蒋家号称拥有财富三四百万，在杭城丝绸业独占鳌头。

蒋广昌绸庄解散后，剩有若干余资；工厂拆去

后，空有三亩地。于是，蒋抑卮同家人共同设计，决定在此造一幢现代化的西式大楼，供自家居住。

抗日战争时期，主人弃屋逃难。此屋先由敌伪公安局占用，后被当时的“杭州市政府”首任“市长”何瓒占为公馆。然好景不长，作恶多端的大汉奸何瓒，在1939年1月22日被抗日志士设计诛杀于此楼餐厅，一时轰动全城，大快人心。

建国后，此楼用途几经更迭。迄今，这幢欧式华屋已经历70年风霜雪雨却“容颜”未改，极具建筑文化价值，它是杭州近代建筑工艺水平的一个缩影。

◎建筑结构及特色◎

这幢大楼为五开间四层（含地下室），宽门面，大开间，多玻璃；线条简洁，装饰考究，构筑精致，具有典型的欧式风格。整幢楼房一律用质地优良的石条、石块、石柱浇砌墙基和外立面。内室则用花色水磨石和硬木地板拼接，装饰多用铜材、汉白玉石，坚固耐磨，富丽堂皇。20世纪20年代末，该建筑占地数亩，面积达1233平方米，房间有45间之多。耗资15万元的美厦落成后，即成为官巷口一带的标志性建筑，堪称私宅第一。但它却“藏匿”于中式民居林立的积善坊巷内，鹤立鸡群，颇显突兀。

林風眠舊居

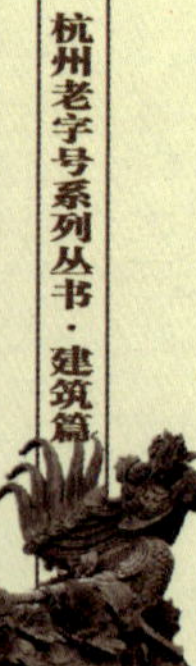

○始建于中华民国二十五年（1936）○

林风眠旧居

◎西湖的西北角，北山路灵隐路一带，山峦起伏，林木茂盛，空气清新，环境幽雅，颇受艺术家们的青睐。故而此地有栖霞岭麓的黄宾虹故居，有马岭山上的吴大羽寓所，有马岭山下的林文铮、蔡威廉老屋，还有灵隐道旁的林风眠旧宅。它们大都依山面湖，风光无限，构成了杭州的一个“艺术群落”，也为西湖增添了一道独特的文化风景线。

◎建筑现状◎

◎林风眠旧居位于灵隐路3号、植物园大门的北侧，现为林风眠纪念馆。

◎建筑结构及特色◎

林风眠的旧宅位于灵隐路3号、植物园大门的北侧，是建于20世纪30年代中期的一幢青砖黑瓦的西式别墅。小楼东部上下两层，南面是台阶和大门入口，西边为一凸出之平房，朝北则是附属用房。小楼底层为大客厅、卧室、餐室、卫生间等，上层为画室、书房等。室内的顶壁、墙面、地板都以本色木纹板拼嵌，返璞归真，自然大方。

◎链　接◎

整幢别墅是按照林风眠先生自己的创意建造的。当时，林风眠尚是一位年方三十、人微言轻的画家。幸得学术泰斗蔡元培的知遇，与之作“忘年之交”，并时常给予提携和关爱，始得“出人头地”，蜚声中外。

林风眠从法国留学归来后，曾任北平美专校长。1927年秋，军阀张作霖派员把持教育部，摧残北平八校，林风眠亦被迫辞职。当时蔡元培计划在长江以南创办一所新型的艺术学府。乃派林风眠、林文铮等负责筹建“国立艺术院”于杭州西湖的孤山。于是他们便择地建校，以“罗苑”为校址，以照胆台、陆宣公祠及苏白二公祠等为教室和宿舍。风眠先生最初的宿舍则在葛岭下。

当时为了补行隆重的开学仪式，蔡元培偕夫人于3月间特意从南京赶来杭州主持典礼。蔡元培这次来杭不住高档的西湖新新旅馆，而住在葛岭下林风眠简陋的木房子达五天之久。他此举是有意而为：蔡元培以全国教育行政首脑的身份，由衷推崇这位不可多得的艺坛英才，把他当时在江浙沪和艺术界的地位大大提高了。

后来，站稳脚跟的艺术家们纷纷在西湖的西北角置地筑屋。给今天的西湖留下了这样一个难得的“艺术群落”。

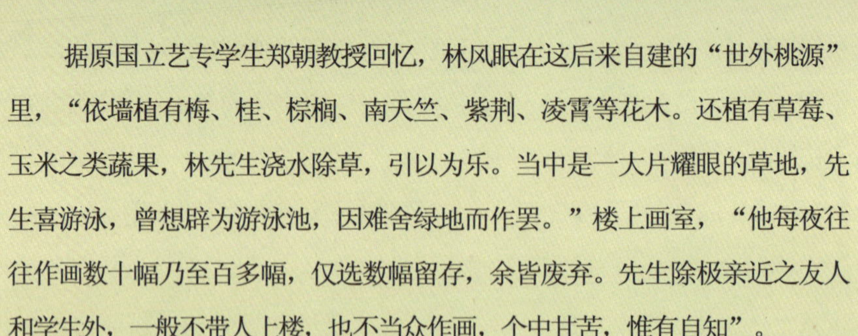

据原国立艺专学生郑朝教授回忆，林风眠在这后来自建的“世外桃源”里，“依墙植有梅、桂、棕榈、南天竺、紫荆、凌霄等花木。还植有草莓、玉米之类蔬果，林先生浇水除草，引以为乐。当中是一大片耀眼的草地，先生喜游泳，曾想辟为游泳池，因难舍绿地而作罢。”楼上画室，“他每夜往往作画数十幅乃至百多幅，仅选数幅留存，余皆废弃。先生除极亲近之友人和学生外，一般不带人上楼，也不当众作画，个中甘苦，惟有自知”。

林风眠迷恋西湖山水美景，关心西湖保护与建设。他于1932年发表《美术的杭州》一文，认为“杭州的城市精髓不在城市，而在西湖。所以我们的题目虽然是《美术的杭州》，在我们的心目中，则不期然而然地成为《美术的西湖》了”。以“天然美，人工美，以及创造美的对象为依据，谈杭州之过去，现在以及未来”。并提出要保护好灵隐飞来峰等文物古迹，主张

◎**灵隐路** 东接北山路，西接天竺路，以路通灵隐得名。民国时修路，分段称洪春桥路、九里松、灵隐马路。1957年拓宽，统称灵隐路。

修复雷峰塔，希望把西湖建成为文化区，以创造美术之西湖。他自己则身体力行，1927年创作的油画《湖滨》、1962年创作的水墨画《画湖秋色》、1977年创作山水画《西湖》等，皆为“美术的西湖”之佳作。

1951年，林风眠定居上海；1977年底出国探亲，后居香港。

1988年2月28日，他致函肖峰院长说：“我同意将我赠国家的120幅画移至杭州故居成立纪念馆陈列。”同年浙江美院30周年校庆时，肖峰院长在香港面约他回杭州参加校庆。他叹道：“江南好，最忆是杭州，日出江花红胜火，春来江水绿如蓝，能不忆江南。”89岁高龄的他，终因健康原因没能成行，但还是题了“永葆青春”以示祝贺。这是他对西湖、对母校的最后遗作。

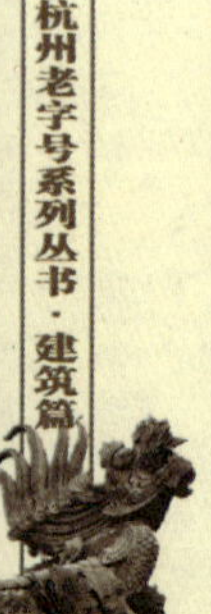

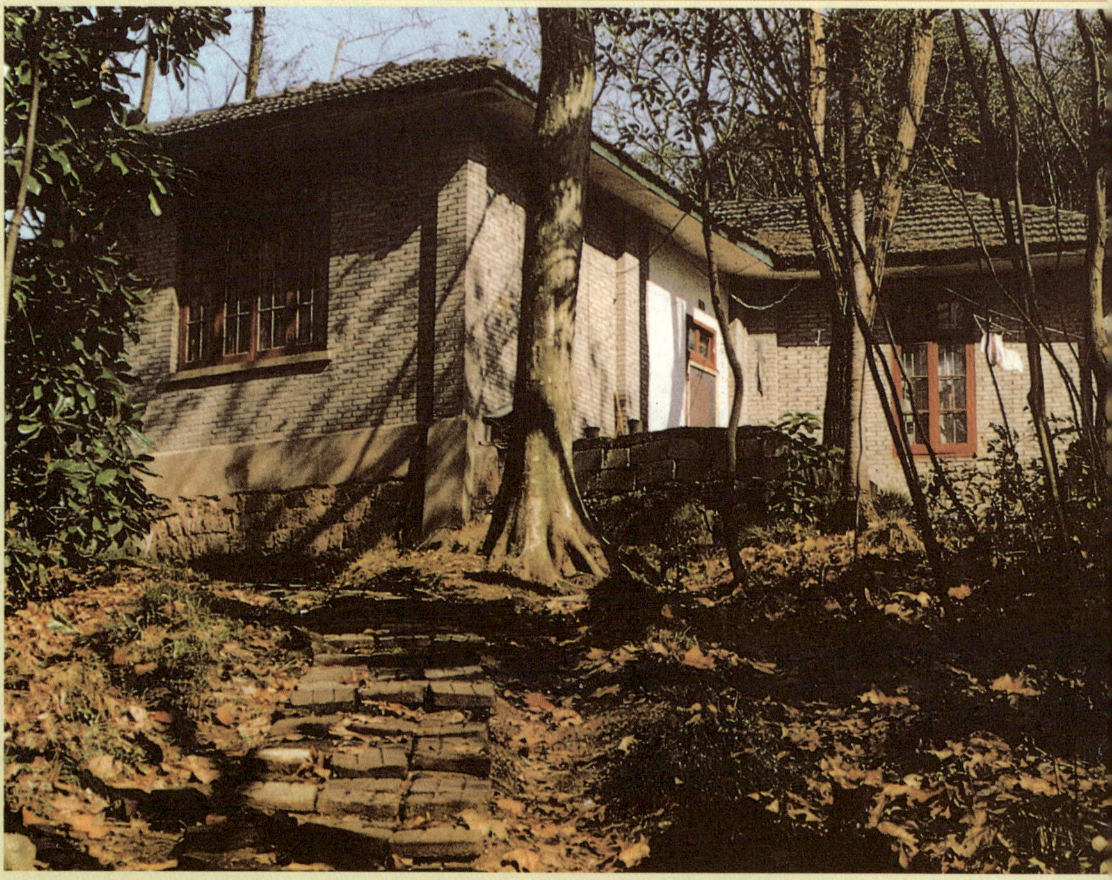

○始建于中华民国二十五年（1936）○

吴大羽旧居

◎玉泉马岭山3号是著名画家吴大羽先生的旧居。从灵隐路玉泉山门入口处右拐，一条由青石块构成的山道若隐若现地从山脚向马岭山顶延伸，绕过中途的马岭山房，就到了吴大羽旧居。

◎建筑现状◎

◎吴大羽旧居位于玉泉马岭山3号。

◎建筑结构及特色◎

平屋占地面积0.653亩，建筑面积108.86平方米。墙基用块石垒砌，墙体青砖采用名牌厂商的产品，坡顶则盖有当时尚属先进的“洋瓦”。整幢建筑呈一曲尺形，结构紧凑，布局合理，采光充分，通风良好。内有厅室四间，偏房若干。室内地板用东北红松木材制成，防潮防湿，坚固耐用。画室内穹顶处还开有一米见方的漏斗形天窗采光，以便作画。

可惜的是，这幢小巧别致的四间平屋别墅于1937年初建成不久，抗日战争就爆发了。吴大羽未及久住这座来之不易的“艺术园地”，只得弃屋西去，辗转后方。解放后，大师定居上海，此幢平屋转卖给了他的学生胡梅秀。

建国后，吴大羽担任上海画院副院长、上海交通大学艺术顾问等职，专事创作。他的油画个性鲜明，独创一格，更多地吸收法国印象派的技法，重视色彩的光色效果，因之被称为色彩派画家。他对中国的古代哲学，尤其是老庄思想颇有研究，学贯中西，博古通今，造诣很深。1988年，一代艺术大师吴大羽在上海去世，终年85岁。他曾经拥有的西湖旧居保存完好，现业主为中国第一个主刀心脏手术的外科专家、九十高龄的张超昧和他的夫人胡梅秀。

◎链　接◎

20世纪20年代，西湖国立艺术院创立，吴大羽任西画主任教授。站稳脚跟后，艺术家们才开始在玉泉一带置地筑屋，营造“艺术群落”。吴大羽慧眼独具，选中了玉泉马岭山顶的一方佳地，亲自创意设计了一所融合山野风光、便利生活创作的平房别墅。别墅居高临下，依山面湖，坐北朝南，房前辟有庭院，另有菜地一畦，庭院秀色与田园野趣“兼容并蓄”，不失为西湖一景。

三徑堂

○始建于中华民国十一年（1922）○

三迳堂

◎1922年，蒋广昌绸庄主人蒋海筹受山东曲阜孔庙族庄的启发，决心建一座家族制的公墓。于是，他请了风水先生觅地，在灵隐寺罗汉堂后山、小莲庄旁买下山地一块，嫌小，又向隔壁普南山房买地数亩；同时，盘进墓地旁边的小莲庄，大加修葺，改名蒋庄，共占地十亩有余。

◎建筑现状◎

◎三泾堂，位于灵隐法云弄5、6、7号院内。

从灵隐后山的大门进入三径堂，照壁上书“静观众妙”，系蒋抑卮手笔。穿过庭院，左、中、右三条石径赫然入目，左、中两径直通山上的墓地；右径直通山上的蒋庄庐舍。墓地与庐舍在山上呈同一水平线，墓西庐东。庐舍是一座合院式建筑，占地三亩，从西门进入，院子东西两侧是两条卷棚长廊，画梁雕栋，粗壮的磨石子水泥柱廊边，置有美人靠。庭院正中有两株百年老桂，花繁叶茂，正对着五开间大厅，大厅高敞轩昂，全用木构，上覆本瓦。数十扇落地门窗沿五开间门面一字排开，雕花饰果，无木不精；牛腿交替，排列有序。中间一厅是蒋家牌位神龛安放之地，层层迭迭，仰之弥高。庐舍屋墙全以黄石叠基，青砖实砌，细腻精致。

三径堂，位于灵隐法云弄5、6、7号院内，原是号称“蒋半城”的蒋海筹、蒋抑卮家族庐墓祠堂所在地。进入灵隐寺后山的蒋家庐墓大门，有左、中、右三条青石砌成的石径直通山上的墓地和家祠，与蒋家绍兴“三径堂”的堂名贴切而暗合。三径堂鲜为人知，而提起它的俗称蒋祠、五台坟、蒋广昌等，则知者甚众。

清末民初，这里有座园子叫“小莲庄”，主人为清河坊问经堂书铺的老板夏某，此园是他春秋小憩、冬日取暖夏天纳凉的别业。1922年，蒋广昌绸庄主人蒋海筹受山东曲阜孔庙族庄的启发，决心建一座家族制的公墓。于是，他请了风水先生觅地，在灵隐寺罗汉堂后山、小莲庄旁买下山地一块，嫌小，又向隔壁普南山房买地数亩；同时，盘进墓地旁边的小莲庄，大加修葺，改名蒋庄，共占地十亩有余。

蒋家在城里有元宝街胡雪岩旧居、积善坊巷蒋宅、国货路地产房屋、羊坝头兴业银行大楼等不动产，唯独在风景区没有别业。有了三径堂后，蒋家不惜工本，老太爷索性打算在此兴建一个家庭公墓，将子孙的生圹预筑在内，每支占据一座墓台，故称“五台坟”。其地在灵隐之上，韬光之下，坐北高峰，朝飞来峰，群山环绕，风景秀丽，是一处埋骨西湖的绝佳胜地，也是庐墓小憩的理想场所。

台湾蒋氏家族的后代蒋彦士曰：“海筹公在杭州灵隐地方，兴建蒋氏五台坟庄一座，龙蟠虎踞，气势雄伟，祈求所有族人天上人间，咸能分别共聚一堂，直到永远。”走进三径堂，仿佛走进了深山古刹，阶上青苔，墙上细草；房宇巍峨，庭院幽深；时空倒转，恍若昨日……三径堂，一处不可多得而又未被挖掘的人文景观。

朱莊

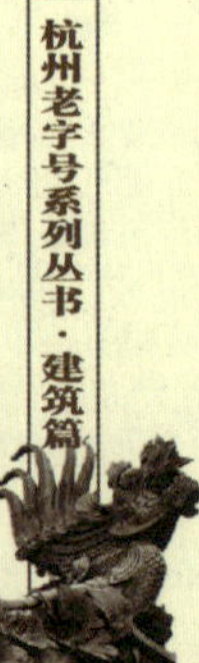
杭州老字号系列丛书·建筑篇

◎建筑现状◎

◎朱庄位于西湖区灵隐之上、韬光之下的山坡上，现为武林健身疗养院，接待四方宾客。

○始建于中华民国初年○

朱　庄

◎朱庄坐北朝南，背山面水，群峰簇拥，修篁万竿，从窄狭中见幽深，由逼仄处见变化，为江南山庄庭院之经典。

◎朱庄始建于民国初年，庄主为贵州名绅朱晓兰。朱晓兰是著名的商业银行——浙江兴业银行的创始人之一，他的公子朱博泉是著名的银行家、上海金融票据交换所总经理。朱博泉娶了杭州“蒋半城”蒋家的女儿为妻，两家在灵隐都有别业。朱晓兰与出版界巨头张元济是亲戚，两人在上海各有一处精致的花园洋房。1918年4月，张元济举家游湖时，曾单独赴朱庄会晤庄主，对此地清幽隐秘的环境和精美绝伦的建筑颇多赞赏，流连忘返。

关于明清建筑

◎明清时期的建筑到达了中国传统建筑最后一个高峰，呈现出形体简练、细节繁琐的形象。官式建筑由于斗拱比例缩小，出檐深度减少，柱比例细长，生起、侧脚、卷杀不再采用，梁坊比例沉重，屋

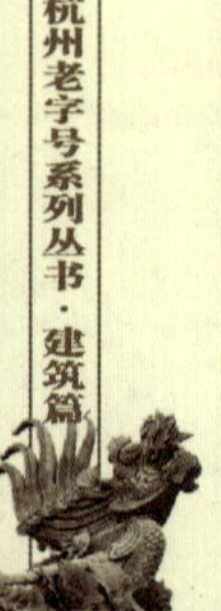

◎建筑结构及特色◎

推启朱庄的两扇黑漆大门，眼前豁然开朗：正中是一块几百平方米的大草坪，草坪上筑有小亭，铺有延伸至主楼的花径；草坪左边依墙堆砌玲珑假山，小巧曲池，池中养有金鱼，名曰金龙池；右边沿墙筑一曲折回廊，蜿蜒上行，遇有风雨，不打伞便可由此直达楼台。

主楼设计中西合璧，独具匠心。前面朝南是一幢两层西式别墅。别墅门厅左右竖有一方一圆各两根立柱，开有东西两扇拱形钢窗，立面丰富多变，装饰精巧别致。楼下为水磨石地坪，楼上为柚木地板，二楼有一宽大阳台。后边朝北则是一座中式平房，为正堂大厅。前后建筑又与东西厢房连接成一个四合院，清水砖墙，中式天井，具有浓郁的贵州风情。内有正堂、套间、会客室、卧室、书房、卫生间、起居室、客房、门厅等。主楼后面则是厨房、花房等附属用房。

顶柔和的线条消失，因而呈现出拘束但稳重严谨的风格，建筑形式精炼化，符号性增强。官式建筑已完全定型化、标准化。在清朝，政府颁布了《工部工程作法则例》，民间则有《营造正式》、《园冶》。由于制砖技术的提高，此时期用砖建的房屋猛然增多，且城墙基本都以砖包砌，大式建筑也出现了砖建的"无梁殿"。由于各地区建筑的发展，使区域特色开始呈现。在园林艺术方面，清代的园林有较高的成就。

整个朱庄从大门到草坪庭院，从庭院到主楼，从主楼到厨房，均以石阶花径做通道，以回廊雨棚为连接，前后三进，依山而筑，渐次上移，庭院精致，建筑精巧。透过粉墙竹影，正面望去，山、水、云、树、屋相融合，清、静、淡、绿、雅相统一，宛如一幅镶嵌于北高峰的立体山水画。

◎链　接◎

■解放后，朱庄作为杭州大华饭店的分部，在相当长的时间内只接待贵宾，没有对外开放。20世纪50年代起，中央首长曾多次来此疗养和休息，一些著名作家也曾来朱庄著书立说。1961年1月27日，朱德委员长兴致勃勃地登上了北高峰。下山途经朱庄休息之际，老人家诗兴大发，写下了那首著名的《登西湖北高峰》。

■朱庄原主朱晓兰，因为朱德委员长，朱庄声名远扬，也有人把它当作原国民党浙江省政府主席朱家骅的宫邸而误传。

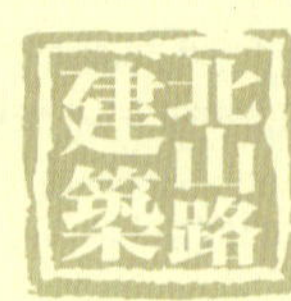

○创建于清末民初○

北山路近代建筑

◎北山路背倚宝石山、葛岭，面临西湖。晴，有桃红柳绿可观；雨，有烟雨迷蒙可望；声，有莺歌燕语可听；味，有花香木馨可享……从断桥开始，北山路的路牌不分单双号，建筑都在路北依山而建，朝南的一面即是西湖。一边是水，一边是山，山与水的中间是房子。当所有的音乐与诗歌都停止了奏响，建筑还在歌唱。杭州北山路，就是一首唱了百年的建筑诗歌。

◎建筑现状◎

◎"细雨鱼儿出，微风燕子斜"。站在北山路上，浮躁的心情很快会化归平静。北山路近代建筑大都保存完好，并陆续得到修缮。

北山路自古繁华，人文荟萃。尤其是在北山路3098米的长街短巷里集中筑有一些近代建筑，它们依山傍水，与西湖山水相得益彰：有漫漫阶梯、高高石壁的深宅大院；有雕花门楼、铸铁大门的西式别墅；有白墙黑瓦、石门花窗的中式宅院；有阁楼飞檐、土壁木柱的民居小院，构成杭城最具特色的近代建筑群。

其中各庄园别墅是重要组成部份，如以蒋经国旧居、汤恩伯旧居、孙传芳旧居、东山别墅为代表的政界、军界要人寓所，以孤云草舍、留余草堂、王庄、穗庐为代表的实业家别墅庄园，以黄宾虹旧居、林风眠旧居、赵无极旧居、国立艺专师生宿舍等组成的“艺术村落”，以秋水山庄、春润庐等为代表的名人故地。

还有一些近代公共建筑也是北山路的宝贝，如新新饭店、葛岭旅馆、杭州饭店、西博会工业馆、浙赣铁路局旧址、浙江卫生试验所等，成为反

映近百年建筑历史发展轨迹的实物例证。

此外，北山路还有众多的名人墓葬、宗教寺庵、奇石异洞、名泉古涧、古道山路等景观和丰富多样的植物景观，成为该历史街区与众不同的一大亮点。短短的北山街区，就汇聚了一百多处人文遗迹。这样的密度恐怕连上海、北京也是赶不上的。正因为此，杭州市政府在这次北山街区的整治工程中，定下的一个重要基调就是“保护”为主，以保护历史的真实性和文化脉络的完整性。

北山路的价值在于建筑，在于西湖。风华绝代的山水，加上丰富的人文积淀，让建筑也变得亲切起来，“活”着走向我们。在喜欢历史的人看来，北山路有值得翻阅的厚重；在喜欢时尚的人看来，北山路是秀场最好的背景；在更多的人看来，北山路就是他们生活的一部分，自然而不做作。

東山別墅

○创建于中华民国二十五年（1936）○

东山别墅

◎北山街和曙光路的相交处，因邻近苏堤、杨公堤、岳庙、玉泉等景区，如今是游客熙攘往来之地，东山别墅就坐落在这里。它正面朝北山街，侧面向曙光路，虽然沿街，但被高大林木深深遮蔽，所以往来行人很难注意到这幢老房子的存在。

◎建筑现状◎

◎东山别墅位于北山街和曙光路的相交处，现为民居，保存尚好。

现在我们能看到的东山别墅是一幢孤立的西式洋楼，虽已经很旧，但楼的主体轮廓依旧完整，用青砖砌成，二楼的一部分刷成了土黄色。楼的周围长着大片杂草。正门旁留着此楼惟一的标志——“北山街100号”。

附近的老居民把东山别墅简称为“一一七医院”，因为自解放后至今，这幢别墅一直是解放军一一七医院的员工宿舍。现住户为一一七医院享受大军区副职待遇的著名内科专家刘世逊大夫，已九十多岁了。他已在这幢房子里居住了约五十年。他追忆描述了东山别墅昔日的情况：以前这幢楼前有一个很大的院子，院子里的草地一直延伸到马路边。屋旁有两个水池，有漂亮的花园。以前楼院落是用围墙围着的，门楼上有一块匾，上写“东山别墅”四个字，是国民党元老于右任所题，但后来围墙被拆了，

门上的匾也不见了。

这幢拆了院墙的东山别墅，背依栖霞岭，面对西子湖，因邻近东山弄，故名。

东山别墅建于1936年，在当时西湖周围兴起的“别墅热”中，它称得上是一座美轮美奂的豪宅了。说它是豪宅，依据有两个：一是东山别墅占地面积甚广，南靠北山路，北傍葛岭，东邻鲍庄，西近东山弄，共有7.246亩。二是东山别墅建筑众多，主楼建筑面积为349平方米，共14间房；附属用房81.9平方米，共3.5间；另有门房52.5平方米，两间。均为青砖实叠、洋瓦盖顶的西式洋房。东山别墅购置土地及建筑修造共耗费银元7万，围墙大门朝向北山路。

◎链　接◎

东山别墅造好后，就因为它的主人而披上了一层神秘的面纱。该别墅的户籍资料显示：主人姓杨，名呼尘，职业军人，具体地址、身份不明，在杭州仅有龙兴路19号张氏为东山别墅之代理人。而实际上，这位杨呼尘即中国现代史上大名鼎鼎的杨虎城将军。只是“杨呼尘”之名鲜为人知，人们很难将它与杨虎城之名相联系。据了解，现在的北山街100号当年是岳坟98号。一份房地产契税申请书这样表述：“立卖契人杨茂三，委托全权代表人张映溪今代表杨虎城先生，出卖杭州岳坟98号房屋一所。原户名杨呼尘，编入杭州市二部二图第一四二五号，地积七亩二分四厘六毫。所有四址分明，以原有围墙为界，连同门房三间，洋式双层房屋一座，包括一切定着物附着物在内……浙江军区后勤部，为业计产价人民币两亿两千五百万元整（按：相当于现在22500元），立约。”这是1951年的一份合同，合同准确表明了卖主。据了解，“杨茂三”为杨虎城将军胞弟，而“张映溪”可能就是“龙兴路19号东山别墅代理人张氏”。

1936年秋，时任十七路军总指挥的杨虎城上将应召来西湖与蒋介石会晤。其时，别墅刚刚落成。不久，杨虎城便与张学良在西安发动了举世瞩目的“西安事变”，扣押了蒋介石。“西安事变”和平解决后，蒋介石出尔反尔，过河拆桥，软禁了送自己回南京的张学良将军，紧接着又于1937年2月在杭州召见杨虎城，逼迫杨虎城将军越洋出国。抗日战争爆发后，杨虎城满怀一腔热忱，回国效力，却在上海一踏上码头便遭拘捕，直至1949年秋被蒋介石杀害于重庆中美合作所的戴公祠内。

所以，东山别墅建成后，杨虎城将军一直未曾居住过，户主名字也因此改成化名。此别墅后被拆去门楼围墙，花园荒芜，建筑衰败，现为解放军一一七医院的房产。

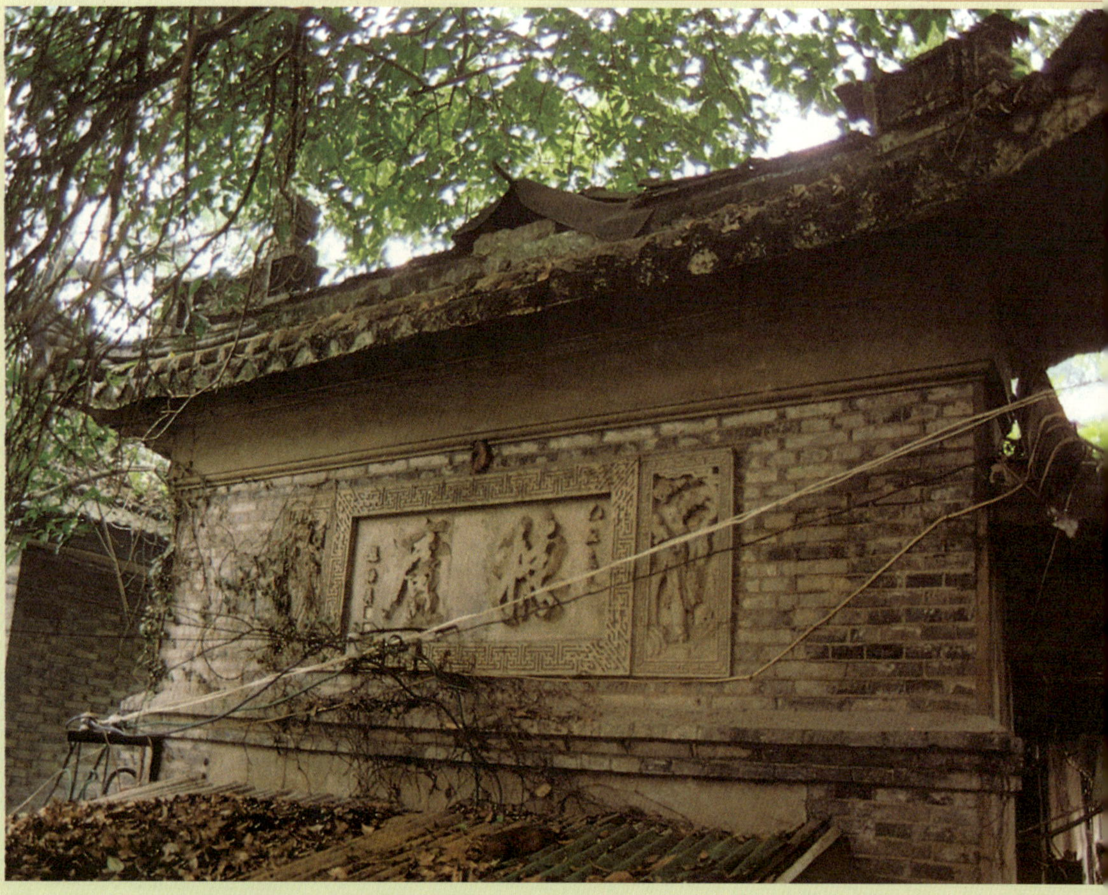

○始建于中华民国十年（1921）○

穗庐

◎穗庐，又称鲍庄，堂号“穗遮堂”，位于西湖区北山路94号，是一座保存较完整的集住宅、祠堂、家坟于一体的山地园林式花园别墅。

◎建筑现状◎

◎穗庐位于西湖区北山路94号，现为江南文学会馆所在地。

从北山路沿山道拾级步入鲍庄，首先映入眼帘的是一座雕刻精美的砖饰门楼，气势不凡，门楣上书“穗庐”二字，落款为赵梅溪。这匾额和落款的来历已无从考证，不过能够猜到最直白的含义，就是“广东人的星子”。当年大批广东人来江南淘金，如果生活境遇良好，就会大兴土木。他们对房屋的款式和样貌都要求是最先进的，以期成为子孙后代永远的庇所。穗庐也是如此。进得门楼，有一古樟，树龄逾三百年。树阴掩映中，一座两层三开间的西式别墅赫然入目，此楼砖石垒基、天花吊顶、瓶饰栏杆、通天云梯，共9间房，225.95平方米，另有平房5间半，134.5平方米。出得院来，继续沿巨型石板铺就的山道上行，是鲍庄的后院，此地有祠堂

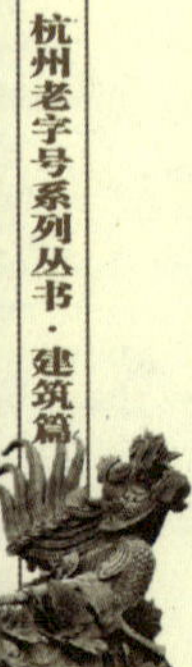

一所，家坟一丘，石亭两座，都是依山而建，顺势而上，整个鲍庄占地2.109亩，始建于1922年，迄今已有80年历史。如此规模的穗庐，知道它的人并不多，这和主人也有关。穗庐，是广东商人鲍柏麟的别业。鲍氏在穗、沪、杭三地虽都有产业，家室甚富，可名声不大，和浙江省政府主席张静江不可相提并论，也没有史量才和沈秋水那样的爱情传奇，故穗庐的寂寞也是难免的。

◎建筑结构及特色◎

鲍庄原主人鲍柏麟，广东人，在穗沪杭经营多种产业，家底甚厚。他所建造的这所穗庐，颇具家乡岭南风韵，特点有五：其一是建筑多用青砖、水磨石、石条、石板，防潮防湿。其二是大到园林布局，小到鱼池堆砌，均参照岭南风格设计。其三是住宅、家庙、坟墓阴阳合一，全都在院中。尤其是院内的方亭和八角亭，全部用石块、石条、石板、石瓦构筑，无一砖一木一铁，为西湖私家园林所罕见。大的一座为中西合壁的重檐八角亭，以石及水泥构筑，惟有飞檐是木构的。四是天台相当讲究，用中国传统风水建筑理论来解释，要求开合、宽广，而当时这幢房子背山，天台面水，这是大开与大合的完美结合。五是亭子檐下的雕花是木雕，各种生动的景象俨然就是一幅八仙过海图，每一个角上就是一位神仙的招牌动作。亭尖和亭角是中式的而柱子是西式的，并且有向上升腾的含义，与西方通往天堂的含义有异曲同工之妙。由此，鲍庄给人的感觉是门内有径，径欲曲；花外有墙，墙欲低；石面有亭，亭欲朴；屋角有圃，圃欲宽；竹后有室，室欲幽。

立于鲍庄，坐北朝南，依山面湖，远眺近观，颇有“万壑树声满，千崖秋气高”之畅意，可称为西湖北线现存于世的难得的私家园林。

北山大院

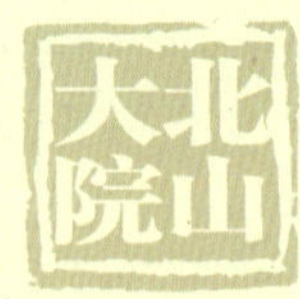

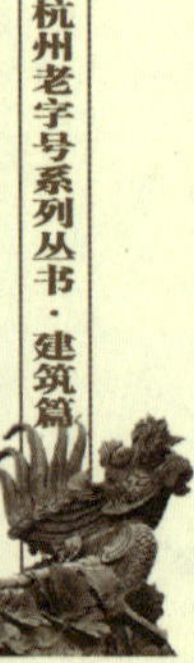

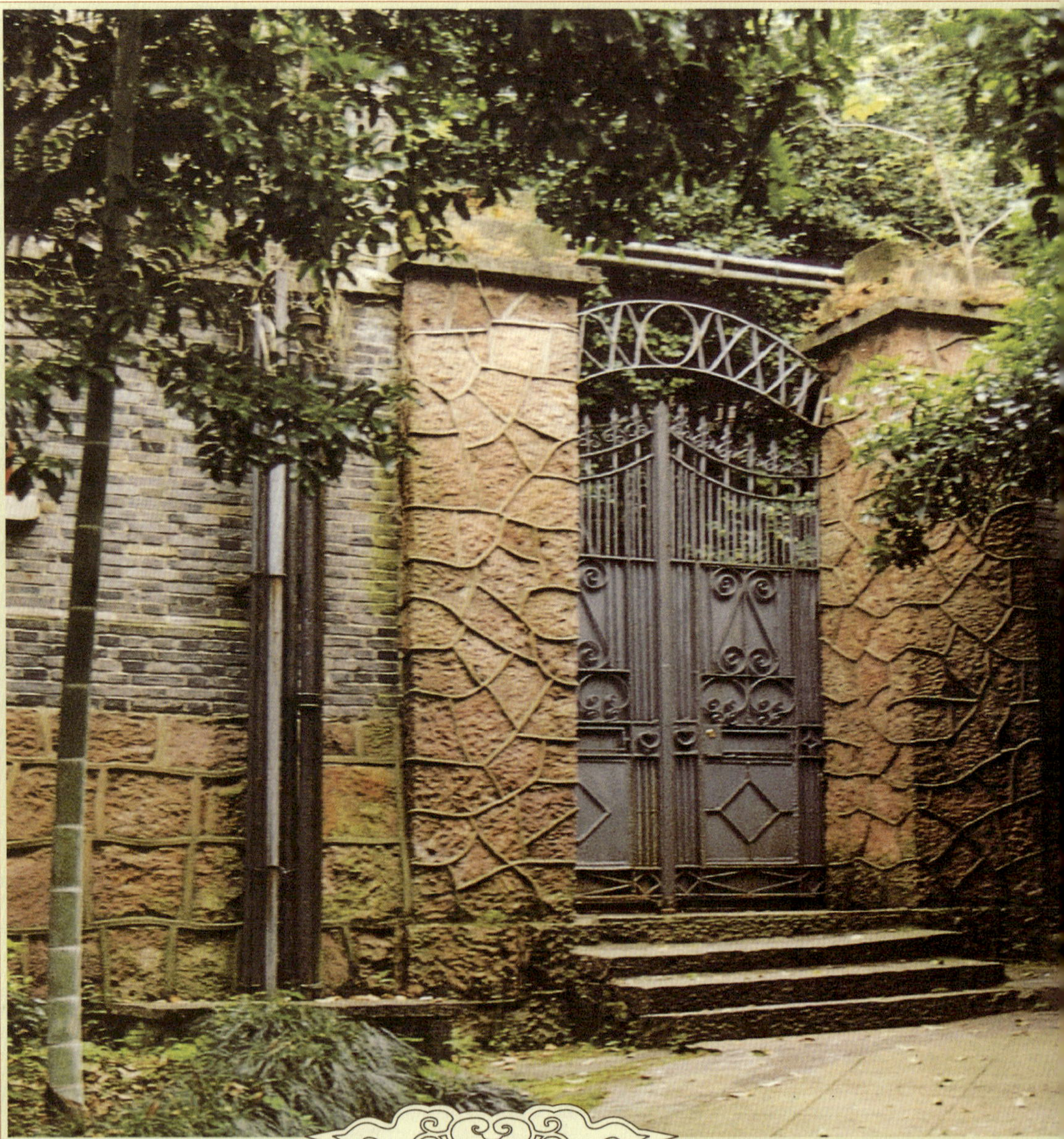

○创建于民国时期○

北山路84号大院

◎北山路84号大院位于西湖区北山路北侧、葛岭南麓，由一组近现代别墅群落所组成。

◎建筑结构及特色◎

大院内的别墅建筑大多建于民国时期，由于当初设计者、建造者和居住者的文化、职业和情趣爱好的差异，从而形成了异彩纷呈的独特风格。其中，既有常见的青砖实叠的中西合璧式的砖木小楼，也有欧洲古典主义装饰繁复的西式洋楼，还有飞檐翘角的中式庄园别业。这些建筑外观造型的独特、别致，整体格调的端庄、华丽，内外装饰的精致、豪华，室内用具的气派、典雅，各种设施的齐全、舒适，堪称西湖别墅的典范。

此外，这些别墅的生态环境亦堪称一流。它们大多坐北朝南，依山面湖，掩映于绿阴丛中，呈现在湖边山脚，晴可观桃红柳绿，雨可眺空谷烟云，耳可听莺歌燕舞，鼻可闻草木花香，真正是得天独厚的“风水宝地”和“世外桃源”。

○始建于中华民国十年（1921）○

海盐馆

◎北山路35号的大门门楣上，悬挂着一块“海盐馆”的木匾，询问这块匾额的出处和含义，均语焉不详。据笔者了解，这块匾额大约是根据院子东头围墙上“海盐涂界”的界石而“望文生义”、挥毫而就的。

◎建筑现状◎

◎海盐馆位于北山路35号，现为民居。

这是一个纯粹的杭州老墙门。北山路的近现代建筑大都为西式风格或中西式风格，而老井、古树、白墙、黑瓦及典型的中式杭州墙门，为北山路所少见。在人们心中，一直以为北山路上就是一些西式的建筑，忽略了其中具有杭州特色的老房子。这幢杭州墙门紧挨着北山路，里面的建筑形态保存依旧完好。红色的门窗、黛色的砖瓦、白色的墙体，高低起伏的屋檐，布满青苔的老井，攀援而上的青藤，住在这里的人还延续着原有的生活风貌。这是每一位走过北山路的人都会经过的老房子，但房子里面的故事却鲜为人知。

◎链　接◎

其实，处于如庐和省庐之间的这幢老屋，曾与中国近代史上大名鼎鼎的军阀孙传芳有关。孙传芳（1885－1935）,字馨远，山东历城人。他由北洋陆军速成学堂和日本陆军士官学校毕业后，历任北洋军营长、团长、旅长等职。1921年任长江上游警备司令兼第二师师长，1923年率部入闽，任福建军务督理。1924年9月，“江浙战争”爆发，孙传芳奉曹锟之命，出兵援助齐燮元，夹攻卢永祥，占据浙江，被任为闽浙巡阅使兼浙江军务督理。1925年11月，孙在南京成立浙闽苏皖赣五省联军，自任总司令。在此期间，孙传芳常来杭州，便在西湖北山路择屋而居。此屋占地面积达3.29亩，依山面湖，风景绝佳 。院中主楼建筑面积为345.84平方米，有房间14个；另有平房5间，建筑面积116平方米。庭院西南有一口四眼井，为北山路惟一。孙传芳入住后，一时间车水马龙、门庭若市，很是热闹了一阵。

1926年9月，北伐军进入江南，孙传芳赴九江督战，兵败后潜赴天津，投靠张作霖，被任为安国军副司令。1927年8月，纠集残部渡江反扑，在南京龙潭被击败。后迁居天津，念佛自遣。1935年，被刺身亡。

孙传芳的北山路旧居，最初的门牌号为里西湖13号，是浙江海盐望族徐家的西湖别业，孙传芳仅是匆匆过客。民国时期，此屋还曾是“中国第一所”——浙江省卫生试验所和“杭州妇女养病院”的处所。解放初，这里一度是中共浙江省委党校的校舍，后一直是民居杂院。

王莊

○始建于中华民国十五年（1926）○

王 庄

◎王庄是西湖区北山路较为典型的近代优秀建筑之一，也曾作为1929年西湖博览会工业馆的展馆之一而为世人所瞩目。

◎建筑现状◎

◎王庄位于西湖区北山路45号，现为民居，保存完好。

当年的博览会共设8馆、2所和3个特别处，其中工业馆借用布展的有主馆（新建）、王庄（第2馆）、菩提精舍（第3馆）、抱青别墅（第4馆），这4处共分98个陈列区，展出工业物品数万件。如今，这4幢历史建筑依然完好无损，由东向西依次排列：北山街38号、39号、40号的抱青别墅，41号、42号的工业馆旧址，43号的王庄，44－49号的菩提精舍。现工业馆旧址已恢复原貌，成了西湖博览会博物馆的所在地；菩提精舍早于2003年5月修复成北山街历史文化街区保护工程的第一座“样板房”；而抱青别墅亦已动工复建，恢复旧址；王庄也已在北山街保护工程中被修缮利用。

◎建筑结构及特色◎

王庄建于1926年，占地面积3.3亩，西式主楼建筑面积744.13平方米，有房29间；另有中式平房4间，建筑面积104.37平房米。它最早的业主是北京李国筠，后转让给上海金融界知名人士王晓策，此宅便更名为王庄。

王庄的建筑可圈可点，除了坐北朝南、依山面湖、中西合璧、宅院合一的特点外，它的建筑细部的艺术特征也颇有特色。一是它的青砖实叠南侧外墙上，大量采用了欧洲古典主义风格的爱奥尼克倚柱，不仅起到了承重作用，更是明显的外表装饰。二是带有各种雕饰和艺术加工的栏杆是其显著特征，瓶状或石柱形的欧式栏杆成为此屋的重要标记。三是该建筑设有宽大的阳台、走廊、台阶、屋顶平台等开放与半开放的建筑空间，它们既是居者的活动空间，也是观景赏色的佳处。如此看来，好房子还需好饰物来匹配，这样才能起到锦上添花的效果，才能使人识别其成为特定的“这一个”。

◎链　接◎

王庄名人荟萃，故事颇多。20世纪30年代中期，浙江大学校长郭任远就寓居于此。郭氏深得蒋介石的信任，蒋介石曾多次到浙江大学视察，对浙江大学师生说：“浙江的子弟是我的子弟。”郭任远任浙大校长近三年，身兼浙江大学军事管理处处长、教务长、文理学院院长、一年级主任等数职，大权独揽。此公作为心理学家，却不了解浙大师生的心理，屡屡秉承蒋介石的个人意志，采用高压手段镇压师生，终于激起了浙大的“驱郭”学潮。这迫使蒋介石亲自出马，于1936年1月22日赴浙江大学“弹压”，缓和舆论，作出一些姿态：国民政府于同年4月任命竺可桢为浙江大学校长，受到师生的欢迎。郭任远与竺可桢的交接就是在北山路王庄内进行的。

孤云草拾

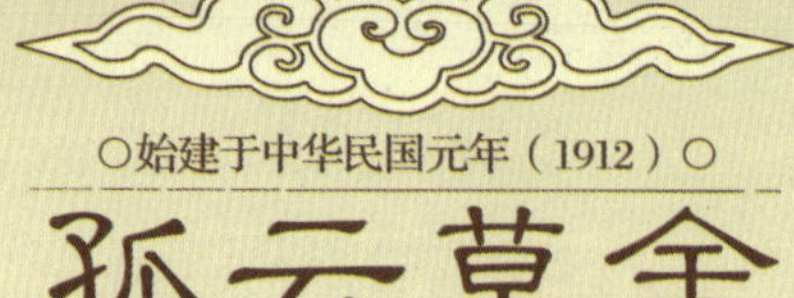

○始建于中华民国元年（1912）○

孤云草舍

◎孤云草舍位于西湖葛岭南麓，坐北朝南，四周有镜湖厅、招贤寺、秋水山庄、林社、智果禅院、空谷传声等景观。此楼占地面积2.665亩，建筑面积1148平方米，有房46间，另有附属用房多间。在楼前，除了用石碑“孤云草舍”作为界石外，还在铸铁栏杆上巧妙地将“孤云草舍”字样烧制成图案花饰。

◎建筑现状◎

◎孤云草舍现为新新饭店的一部分，保存完好，用作办公场所。

◎建筑结构及特色◎

1912年，辛亥革命后的第二年，西湖北山路的69号、70号（又称里西湖45号），矗立起了一幢以其宏大的体积、别致的式样和幽雅的环境而著称于湖上的标志性建筑。

这幢体量庞大的西式别墅为三层三开间，高大阶石，拱形门窗，红瓦圆顶，铸铁栏杆，线条流畅，构筑精致，是典型的欧洲古罗马建筑风格。

尤其是这幢洋房的古典柱式，为西湖近代建筑所少见。石质、砖质梁柱的柱檐、柱身、柱头、柱础装饰华丽，特点鲜明，极具建筑艺术价值，也决定了此幢建筑物与众不同的古典风格。

而它的名字却是中式的典型，曰“孤云草舍”。这是因为它斜对面的孤山上，原敬一书院的墙壁中嵌有“孤山一片云”五字石刻，故名。建筑是洋为中用，名字是中为洋用，真可谓中西合璧。

孤雲草舍
新新飯店

◎链　接◎

孤云草舍的主人是吴兴富商刘湖涵。刘湖涵乃湖州南浔"四象"之首刘镛的第四子，南浔小莲庄主人刘锦藻的同父异母弟弟。刘梯青堂号"崇德"。以"炒"房地产而著称江浙沪。

当时，达官贵人纷纷在西湖圈地筑屋，葛岭南麓、里西湖畔的北山街一带尤甚。其中就有吴兴人氏置办的绿柔湖舍、留余草堂、坚匏别墅和孤云草舍等。后来，刘湖涵常住上海，便将孤云草舍转借给了他的吴兴同乡朱家骅使用。

1936年冬，朱家骅调任浙江省政府主席，主持浙政。其时，依山面湖的孤云草舍便成了主席官邸，车水马龙，络绎不绝，失去了往日的宁静。1936年12月12日，震惊中外的"西安事变"爆发。事平后，将介石的"文胆"侍从室第二处主任陈布雷在挚友朱家骅的照顾下，于孤云草舍隔壁的新新饭店替蒋捉笔，"精心构思"了那篇著名的《西安半月记》。及至抗战爆发，孤云草舍又成为浙江省政治经济文化活动的场所，浙江省政府的许多重要会议都在此举行，许多重要的决策也在此产生。

解放后，孤山草舍收归国有，与附近的几幢庄园别墅、著名旅舍合并改建为新新饭店，但人们惯称其为饭店西楼。眼下，孤云草舍这幢保存完好的西洋"老房子"，它那巨大的回廊，高耸的穹顶，昂然的楼宇仿佛涵盖了以往的时空和人事，成了西湖近代历史的见证。

○建于20世纪20年代中期○

春润庐

◎春润庐位于西湖区北山路54号，建于20世纪20年代中期，业主为当时先后在北大、清华担任教授的著名戏剧理论家宋春舫和他的好友朱润生。两人各建一幢别墅，前为朱润生所有，后是宋春舫所有，因此“春润庐”是从他俩的名字中各取一字而成。

◎春润庐后来的主人项松茂是中国著名的民族资本家，浙江省鄞县人。20世纪30年代名闻遐迩的“固本”肥皂便出自其任经理的五洲固本皂药厂。其亲自督造的五洲大厦一经落成于上海福州路，即被誉为中国的“药房大王”。项松茂后因营救被日军捕去的11名店员而同遭杀害，舆论称之为“抗日英雄”。春润庐后由项绳武继承，现为民居。

◎建筑现状◎

◎春润庐位于西湖区北山路54号，现为民居。

◎链　接◎

春润庐落成后，曾经吸引了一大批文化名人在此长居短住，蔡元培、章太炎、杨杏佛、马寅初、徐志摩、熊十力、马一浮、丁西林、顾毓、沈定一等均在此留下过足迹。甚至有人戏称：春润庐是一座不挂牌的“北京大学招待所”。

1926年2月3日，蔡元培夫妇结束了在欧州为期两年多的旅居生活后回到上海。但是他没有去北京，而是以养病为由在杭州西子湖畔的春润庐安了家，远距离观察北京政府。

听到蔡元培回国的消息，北大师生们纷纷行动起来，希望校长蔡元培能早日返校。然而隐居在杭州的蔡元培经过几个月的观察后再次向政府提交了辞去北大校长的辞呈。

1926年7月8日，怀着对蔡元培深厚感情的北大全体师生给蔡元培发出一封信，信中说："先生辞职，关系本校存亡。同人今日召集大会，一致议决：即请教育当局切实挽留，并派代表赴沪，面陈一切。"看来，当时北大师生还以为蔡元培一直是住在上海的。7月下旬，北京大学派出两位代表南下，经打听，终于弄清了蔡元培在杭州的隐居地。7月22日，谭、钟两位教授步入春润庐，与蔡元培作连日长谈。最后，蔡元培终于答应在后面的暑假期间不提辞职的事，待病体痊愈后再去北大办理结束校长职务的事宜。

1926年12月15日傍晚，军阀孙传芳杀进杭州，浙江的民治活动顿时告破灭。由于孙传芳已对蔡元培发出了通缉令，蔡元培只得离开春润庐，经宁波转象山，乘舟去了福建。

后来，春润庐主人因都在外地工作，往来多有不便，就将房子转让给了上海五洲大药房经理项松茂、项绳武父子，时为1931年，其在杭代理人为"辛亥革命老人"黄元秀。房子名称也改为"春晖小筑"。

◎宋春舫（1892－1938），是浙江吴兴人，早年留法，我国早期著名戏剧家及法国文学专家，曾先后在北京大学、清华大学任教，著有《宋春舫论戏剧》。家中富有，在上海及青岛均有房地产。朱润生为宋氏亲戚，银行家。

◎建筑结构及特色◎

春润庐院内有前后两幢西式花园别墅，前门临北山路，后门近葛岭路。前大门两扇雕花铸铁大门配以花饰门楼，门楼两边是通透式铸铁栏杆围墙。进门即为花园前庭，原有硕大香炉一尊立于中央。左右两厢有青石阶引入主楼。

前楼为两层半三开间西式洋房，结构对称，一楼前廊阳台宽大气派，水磨石地坪，石膏吊顶；二楼有左右两个阳台，中间为一湖景房，房顶设观光平台。前楼后面再上青石台阶，是后楼庭院，后楼略小，结构不对称。前后两楼共有建筑面积857.91平方米，34间房，其中楼屋14间，计360平方米；底屋20间，计497平方米。

春润庐较多地设有阳台、走廊、屋顶平台和庭院阶梯式平台等开放与半开放建筑空间，它们既是居者的活动空间，也是晒晾物件的必要场所，更是眺望湖山的绝佳位置，由此可见业主的居住理念和设计师的匠心所在。

抱青
别墅

◎抱青别墅（葛岭旅馆）位于北山路39号、40号，现为西湖博览会博物馆的二期工程改造项目。

○始建于中华民国二十年（1931）○

抱青别墅

◎“入缘白石沂青溪，手剥苍苔认旧题。春色满山归不去，刺桐花里画眉啼。插花吹笛两山中，桃李尊前日日同。诗得马头飞絮满，更来沽酒看残红。”古人高翥的《春日北山二首》，贴切而细致地描摹了西湖北山葛岭一带的美妙景致。张翥亦云：“湖堤晚望葛岭诸山，倒影水中，天然妙画。”

◎就在这“湖山繁华已隔尘”的“天然妙画”间，众多后人“领先一步”，置地构筑了许多或中或西或中西结合的楼台园林。抱青别墅便是其中之一。

◎建筑结构及特色◎

抱青别墅的建筑风格亦很有特色。它属于欧洲巴洛克建筑式样，是在意大利文艺复兴建筑基础上演变而成的一种建筑和装饰风格。

其建筑方形立柱，弧形门窗，立面凹凸，装饰丰富，外形自由，富有动感，仿佛在向人们展示其追求自由奔放的格调和通达世俗的情趣，体现了近代西湖建筑承上启下、中西交汇的过渡特点。

当然，即使是引进的西式建筑，因了“洋为中用”，因了本国国情，也不同程度地渗透着中国特点。它的砖木结构，它的老式黑瓦，它的内部陈设，仍然留有中国传统建筑的痕迹。

◎链　接◎

抱青别墅建于1931年，为四开间三层西式楼房，另有平房三幢，井一口，建筑面积803平方米，有32间房。

这块1.47亩土地的主人，即是浙江湖州南浔镇上被称作“四象八牛七十二狗”中“八牛”之首的邢抱青。

除了丝绸，邢家发财致富靠的是新兴产业，房地产就是其一。邢氏家族在上海、苏州、杭州和南浔都有大量房产。而邢抱青建在西湖的楼屋便当仁不让地以自己的名字命名。这里依湖傍路，位置居中，眺堤望山，鸟语花香，无疑是一块难得的“风水宝地”，一处绝佳的“世外桃源”。

其实，抱青别墅只是北山路40号的一个雅称，它真正闻名于湖上的名字是“葛岭旅馆”。1929年杭州举办西湖博览会后,作为博览会工业馆第四分馆的抱青别墅继续闲置着。于是，邢抱青的好友、建筑工程师于少甫便以每月60元大洋的月租租下了抱青别墅，并且充分发挥了自己建筑工程师的特长，将抱青别墅改建成了美轮美奂的“葛岭旅馆”。

位于北山路40号（当时门牌）的葛岭旅馆，在分成四等的西湖旅馆中排名较前，仅次于它附近的新新饭店和蝶来饭店。葛岭旅馆设施先进，环境清幽，景致极佳。故而店主自豪地宣称：“本旅馆开设在保塔脚下，里西湖滨，西式洋房，地位宽敞，每卧室前有会客室，后连浴室，浴室装有冷热水管、自来水便桶，地点清静幽雅，交通便利，由京沪来杭汽车直达本馆门首，西湖游艇可泊本馆所建埠头，中西饮食一应俱全并备有宽大停汽车间。”这段广告，在当时是颇具诱惑力的，因此葛岭旅馆生意很是兴隆，著名政客张道藩及其女友蒋碧薇对此地也极为赞赏。

○始建于中华民国二十二年（1933）○

秋水山庄

◎秋水山庄位于西湖区北山路，背倚葛岭，濒临西湖而筑，是20世纪30年代初极具民族特色又兼具西式风格的优秀民宅之一。

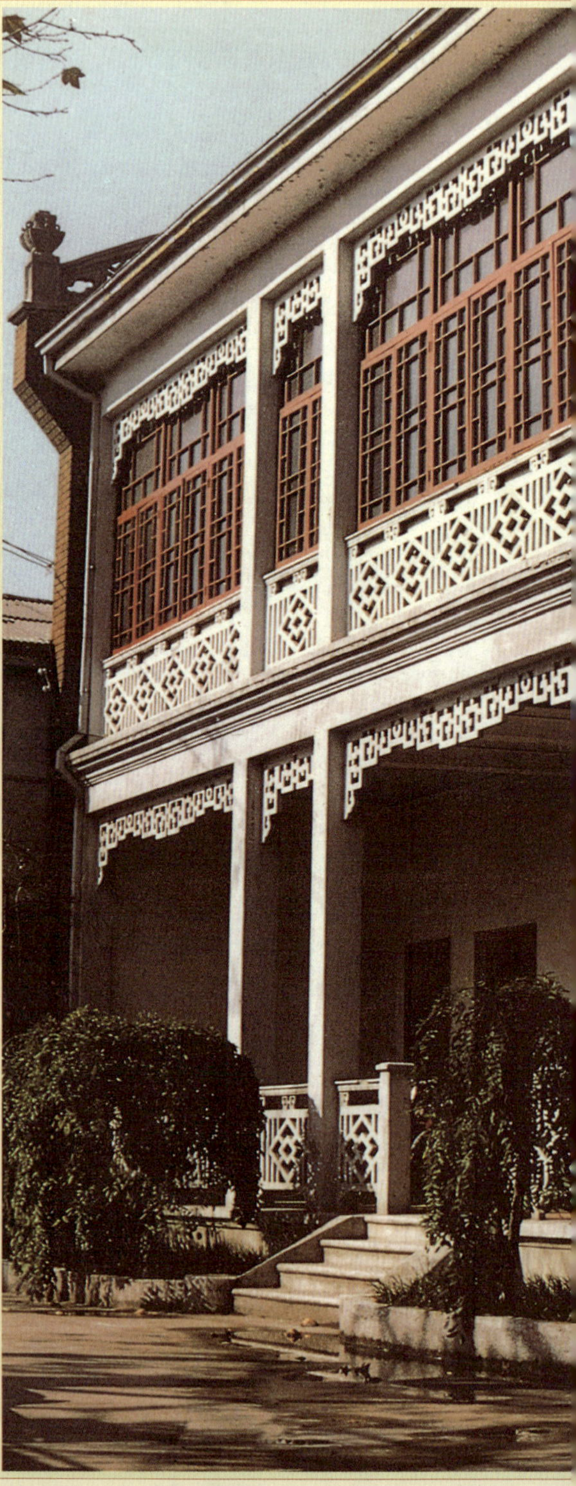

◎建筑现状◎

◎解放后，秋水山庄曾更名为“西子楼”。前些年，此楼恢复原名，按原式样修缮一新，作为西湖新新饭店的一部分接待八方游客。

◎建筑结构及特色◎

秋水山庄建于1933年，占地3.605亩，建筑面积359平方米，有楼屋7间，平屋16间。整个立面在造型、选材和色彩上别具匠心又无比和谐。四根青石柱子竖立门旁，贯通天地；雕花石栏横于阳台，串联左右；隐格花窗点缀楼面，古色古香；红白双色搭配和谐，夺人眼目；再配上清水砖砌的花窗围墙，高大轩敞的铸铁门楼和“秋水山庄”的名家题匾，构成了一幅绝妙的“立体的画”。

尤其值得称道的是小楼的细部处理，它的柱子与中国传统建筑中的圆形柱子不同，它们是方形的，而且并不粗壮，相反显得有些纤细。这种纤细正与细巧的白色栏杆相配。栏杆的取材十分简单，仅为水泥和钢筋，外表涂了一层白色涂料。栏杆的几何图案又与青石柱头上白色带有吉祥意味的装饰花边呼应。

而二楼的朱红色花窗则是整个立面最富民族特色的地方，也是最美的细部。传统花窗的出现主要是为了防止糊在窗上的纸被吹破，图案有花卉、喜鹊、八仙过海等。而这幢房子的花窗虽沿用了传统花窗的样式，但图案很抽象，只用了一些搭配合理的大小长格子。这又与栏杆、青石柱装饰花边的风格相统一。花窗最美妙的是它的漏影，想象夕阳西下时，金色的阳光透过花窗照进来，留下斑驳迷离的影子，独自在屋里晃动。

◎链　接◎

秋水山庄房主是上海报业巨子史量才及其妻沈秋水。

当初，史氏夫妇购得静江路77号静观堂的这块宅基地，便仿《红楼梦》中“怡红院”的格局建起了花园和园中的这幢主楼。花园小巧玲珑，精致和谐，四周种有花草树木，搭有亭台廊棚，叠有假山石洞，挖有曲池鱼塘，并以鹅卵石或磨石子的过道贯穿全院。此地远可眺白堤桃柳、湖光山色，近可观葛岭霞晖、风花雪月，耳可闻放鹤亭空谷回音，目可睹闲地庵木鱼撞钟，实在是一处生态绝佳的理想居所。

楼主史量才热爱杭州，眷恋西湖。他早年曾在林棨创办的金少港杭州蚕学馆就读多年。转达入《申报》后，他为杭州读者办了《申报》杭州专刊，将惟一的儿子史咏赓送到钱塘江边的之江大学深造，还以爱妻沈秋水的名义构筑了这一道风景。

史氏夫妇经常相偕来山庄憩息。史量才在山庄远眺湖山，曾吟成七律一首："晴光旷渺绝尘埃，丽日封窗晓梦回。禽语乐声通性命，湖光岚翠绕楼台。山中岁月无古今，世外风烟空往来。案上横琴温旧课，卷帘人对牡丹开。"夫唱妇随，多才多艺的沈秋水当即抚琴谱曲，指下流淌出名为《秋水山庄》的悠扬乐曲，久久萦绕于青山绿水之间……

不幸的是，此曲竟成绝唱。几天后，史量才由秋水山庄返沪途中在海宁翁家埠惨遭军统特务暗杀。

原来，史量才接办《申报》后，惨淡经营，锐意改革，使之成为全国最有影响的报纸之一。不仅如此，他作为上海新闻界的头面人物和最大的报业企业家，力主抗战，反对内战，倾向民主，追求进步，努力把这份上海滩最老的报纸办成民主的阵地、民众的喉舌。1931年，《申报》针对特务炮制的诬陷周恩来的"伍豪事件"及时辟谣，澄清了事实；同年底，《申报》藐视当局禁令，率先刊出宋庆龄的战斗檄文《国民党不再是一个革命集团》；接着《申报》又连续发表陶行知等的时评，公开抨击"攘外必先安内"的内战政策；《申报》还组织鲁迅、茅盾等为副刊撰稿，发表了大量"投枪匕首般"的文章……史量才的如此作为深遭反动派的忌恨，为国民党最高当局所不容，他们开始利诱，继而威胁，最后又使出了卑劣的暗杀手段。

就这样，以"人有人格、报有报格、国有国格，三格不存，人将非人、报将非报、国将不国"立身的史量才，终于饮弹喋血，死于非命。

侥幸逃脱的沈秋水悲痛欲绝，但却深明大义，她将秋水山庄这一丈夫的遗物捐赠于社会，改建成杭州尚贤妇孺医院，作为热衷于社会公益事业的丈夫在天之灵的一个回赠。她自己却择一斗室另住，吃斋念佛，直到逝世。

◎史量才◎

◎链　接◎

■史量才（1880－1934），原名家修，祖籍江苏南京，生于上海青浦县一个商人的家庭。1899年考入松江府娄县县学为附生，但不久受新思潮影响，放弃仕途，于1901年考入杭州蚕学馆，毕业后在上海从事教育，先后在育才学堂、务本女学、南洋中学等学校任教。1904年创办女子蚕桑学校，致力于发展实业教育，并积极投身上海及江浙民族资产阶级的活动。1905年加入上海学界宪政研究会。1907年因参加江浙两省保路运动，被推为江苏铁路公司董事。1911年辛亥革命爆发后，一度被军政府委任主持上海海关清理处和松江盐务局。

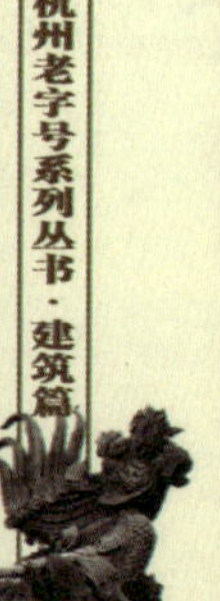

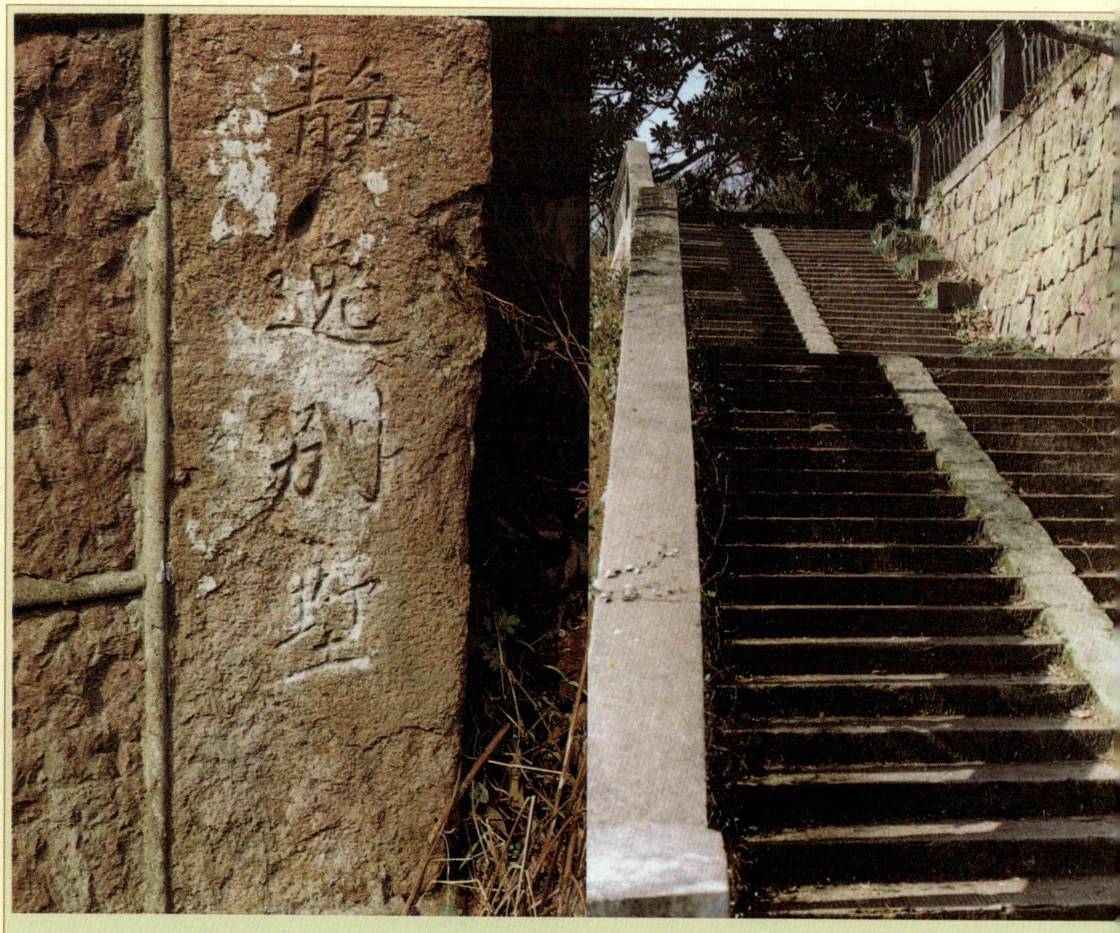

○始建于20世纪20年代○

静逸别墅

◎被孙中山誉为“民国奇人”的张静江，在西湖北岸的葛岭山间筑有别业，名为静逸别墅。

南浔“四象八牛”

◎清光绪年间，在南浔民间及江浙一带，把南浔的富商称为“四象八牛七十二墩狗”。据刘大均《吴兴农村经济》载：“南浔以丝商起家者，其家财之大小，一随资本之多寡及经手人关系之亲疏以为断。所谓‘四象、八牛、七十二狗’者，皆资本雄厚，或自为丝通事，或有近亲为丝通事者。财产达百万以上者称之曰‘象’。五十万以上不过百万者，称之曰‘牛’，其在二十万以上不达五十万者则譬之曰‘狗’。所谓‘象’、‘牛’、‘狗’，皆以其身躯之大小，象征丝商财产之巨细也。”

张静江故居又名静逸别墅，是从张静江及其夫人朱逸民的名字中各取一字合二为一，取安静而又安逸之意，别墅建于民国年间，经北山路葛岭登数百台阶，绕三两弯，盘旋至山腰后才能看见。主建筑为两栋砖石结构欧式风格的两层小楼，占地1425平方米，建筑面积五百余平方米。每幢楼均有宽大阳台，可眺望湖山景致。楼内钢窗蜡地，设施齐全。两楼东西分布，坐北朝南，背倚葛岭， 中间连以曲廊，视野开阔。

前些年，“张静江先生故居”在南浔经整修、陈列后对外开放。而他在西湖边的“静逸别墅”两栋土黄色小楼，则至今仍由两个省级协会分别使用着。

南浔张静江故居

◎张静江故居位于湖州南浔镇东大街，系其父张宝善于1898年所建。故居大厅内有清末名人张謇的匾额“尊德堂”。中堂之画系谢公展的手笔佳作。两侧是孙中山题

■张静江全家照

写的一副对联："满堂花醉三千客，一剑霜寒四十州"，抱柱联为翁同龢所题："世上几百年旧家无非积德，天下第一件好事还是读书"。厅里陈列着明代著名书法家董其昌手书的晋"竹林七贤"之一的刘伶《酒德颂》板屏六块，系用银杏木镌刻，是国内珍贵的文物。故居建筑为典型的江南宏门豪宅风格。厅堂两座门雕，雕刻精细，门楣分别为"有容乃大"和"世守西铭"，均为南浔近代实业家兼收藏家周梦坡所书。

◎链　接◎

张静江，1877年生于湖州南浔，又名人杰。因排行老二，又因跛一足，故人称其为跷脚二先生。张家富甲一方，是南浔"四象"之一。祖父张颂贤经营湖丝起家，发迹暴富。其父张宝善于1891年在南浔东大街建造了典型的江南宏门豪宅，命名为"尊德堂"。1902年，20岁的张静江随钦差大臣孙宝琦出使法国为驻法商务随员。受家庭影响，善经商又通晓古玩的张静江，在法国办起中国第一家外贸公司——通运公司，从而打破了日本人的垄断，盈利颇丰。

在法国，张静江结识了孙中山，后以白银三万两匡助同盟会，贡献不小。孙中山曾题"丹心侠骨"相赠，另又书赠一联："满堂花醉三千客，一剑霜寒四十周州。"上款为"静江二兄雅属"。他对这位以万贯家财资助革命的"二兄"，始终抱以敬佩之情。在1924年的国民党一大会议上，孙中山提名张静江为中央委员候选人。次年，孙中山在北京病重之时，张静江应召去北京协和医院。5月12日，孙中山逝世，张静江与汪精卫、戴季陶等随侍病榻，并与宋庆龄等一起发布了"总理遗嘱"。

1927年至1929年间，张静江两次出任浙江省政府主席，寓居葛岭。其间，1929年6月6日，张静江依照美国费城博览会形式筹划的"集全国精品，开空前盛会"的西湖博览会开幕。全场展品达14万余件，分设八馆，环行一周达4公里，称得上民国盛事。这对提倡国货、发展经济非常有益。有些名牌产品还是由于西湖博览会评比获奖才闻名的。此次盛会，还为今天的西湖留下了不少可资利用的遗迹，浙江省博物馆的前身西湖博物馆就是当年的产物。

常宅

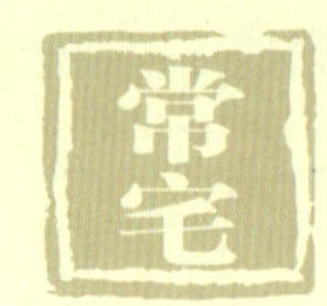

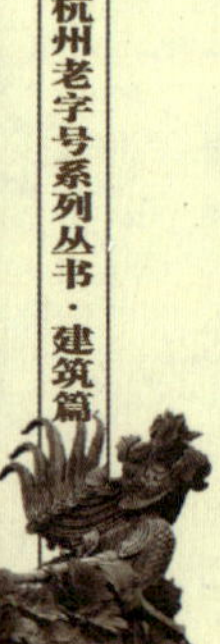

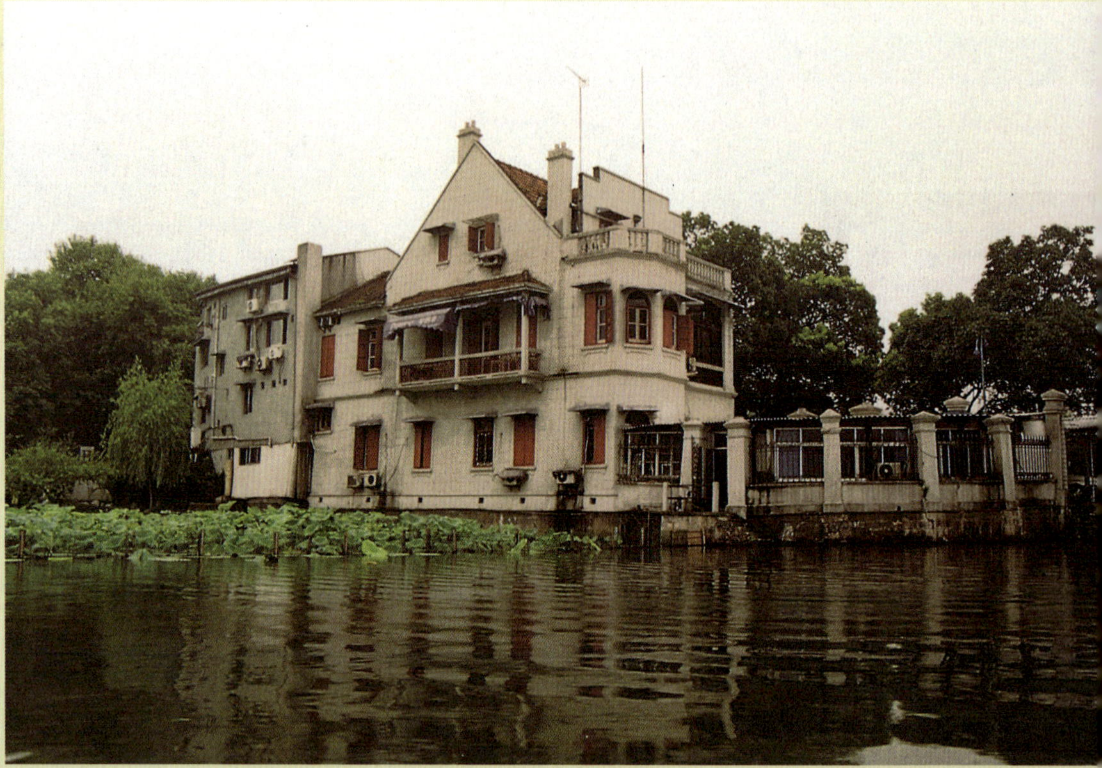

○始建于20世纪30年代初○

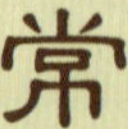

常　　宅

◎常宅位于苏堤第一桥跨虹桥北堍，“曲院风荷”御碑园东，原为岳坟街桥弄10号，俗称“湖口”。

◎建筑现状◎

◎现已成为一家小型酒店。

◎建筑结构及特色◎

常宅建成于20世纪30年代初，占地面积0.68亩，建筑面积448平方米，为灰墙红瓦、尖顶陡坡的西班牙别墅风格的假三层花园洋房。该楼风格独特，设计巧妙，充分利用了地处湖畔桥边的地理优势，为后人打造了一座纯欧式风格的经典别墅。而所费也不菲，共花去400两黄金。

别墅东南是著名的跨虹桥，“跨虹”之下设计了立柱铁栅围护的临湖花园，并设有私家湖埠，可直接上船游湖。别墅为陡坡尖顶，壁炉烟囱，转角楼屋，素色粉墙。建筑的上下左右设置了大小五个宽敞阳台，用于从各个角度、各个季节、各种时段观赏晴湖、雨湖、夜湖、雪湖的不同风姿，真是匠心独具。因为临湖独立，又因为风大光足，所以屋子的窗户都用三层装置，由里到外分别为纱窗、玻璃窗、百页窗，用以避风遮阳，隔音防热。这幢假三层两开间进深四间的华丽住宅一经面世，即受各界关注，也引发出许多悲欢离合的故事……

◎链　接◎

常宅业主是沪上常学山、常学廉兄弟。常家还出了一位著名的京剧演员常春恒，常春恒是上海滩京剧界著名的须生，以一出《狸猫换太子》闻名于世。常春恒常来常宅练功吊嗓，调节身心。可惜后因纠纷而被暗杀。著名戏剧家田汉先生曾在《和洪深游杭州》一文中回忆说："经岳坟入苏堤，必过名伶常春恒故宅。洪深先生特为介绍'你瞧，这房子造得像不像一把手枪？宅主是常春恒。造好这房子不久，他被暗杀了。'"

1941年，常家把房子卖给了他人，后又几经转卖，多次易主，直到杭州解放。1950年后，常宅由杭州市人民政府接管，交公安部门使用至今。

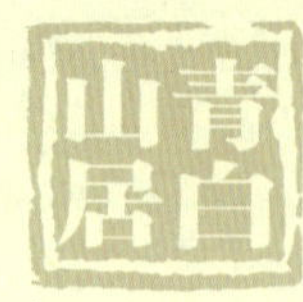

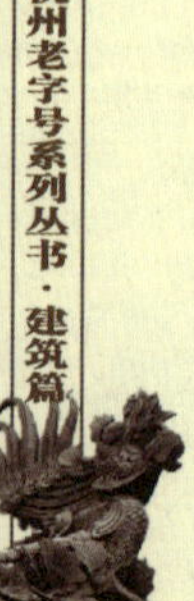

○创建于20世纪30年代中期○

青白山居

◎西湖的孤山之巅、西泠印社东侧、楼外楼菜馆后山，有一座中西合璧的宫殿式建筑，采用歇山式大屋顶，彩色琉璃瓦，斗拱飞檐，厚墙重基，正面门额上方绘有彩画，外墙装有浮云式花饰。整座建筑高大轩敞，坚实牢固，坐北朝南，俯视湖山，显得典雅雍容，气势非凡。它，就是国宝《四库全书》的藏书处——青白山居。

◎建筑现状◎

◎现今，青白山居面临孤山路的高大门楼和门楼两旁的一部分附属建筑已对外开放，人们可进内一睹名楼风采。

◎链　接◎

抗战胜利后，《四库全书》由西南迁回文澜阁。文澜阁是木结构、六开间、两层楼的双檐重楼硬山书阁，清乾隆年间仿明代著名藏书楼——宁波天一阁所建，解放后虽多次修缮，终因是木结构建筑，难防火灾虫害。而与它毗邻的青白山居倒是一处理想的藏书地。

此楼旧主乃是在1927年“四一二”大屠杀时被称作“狼虎成群”（杨虎、陈群）之一的原国民党淞沪警备司令杨虎。1935年，杨虎花费巨资，大兴土木，建造了这座钢骨水泥别墅。别墅共有大小房间51个，建筑面积达1272平方米，由著名的上海海丰营造厂承建。

行宫落成，杨虎以“月白风清”之意命其名为“青白山居”。而民众仍俗称其为“杨虎大楼”。时遇蒋介石来杭，舟游湖上，一眼瞥见这座居高临下、美轮美奂的豪华建筑，惊讶地问道：“啥人的房子，介漂亮，好似一座宫殿！”随员据实告之。蒋介石面露不悦之色，颇有微词。杨虎闻讯，情知不妙，从此不敢享用此楼。所以这幢外形豪华的别墅一直没有配套的内部陈设，致使空楼经风雨，一直闲置到杭州解放。

建国后，青白山居一直由省文化部门使用。1962年曾进行过大修，有关部门将青白山居划归浙江图书馆使用，原藏于文澜阁的《四库全书》3.6万多册便移藏于此，青白山居才算是“屋尽其用”。国宝也有了安身之处。但此事一直鲜为人知。

1986年，在浙江省原省长李丰平的关怀下，楼面下沉、屋顶破损、白蚁侵蚀、年久失修的青白山居经专家和巧匠的精心修缮，按藏书的严格要求，改善和增设了防火、防盗、防虫、防湿等设施，国宝终于有了安全的栖息之地。

俞楼

○始建于清光绪五年（1879）○

俞　　楼

◎在西湖白堤的尽头、西泠桥的南侧，有一幢两层三开间的中式楼房掩映于绿荫丛中。这便是一代国学大师俞樾的旧居，人称俞楼。

◎俞楼的前身是西湖诂经精舍，俞曲园在此主持达30年之久，《西湖新志》也称俞楼是他“讲学著书之地”。诂经精舍背依孤山，面临西湖。俞樾在杭时，便住诂经精舍第一楼。学生称其为“俞楼”，并悬匾于楼前。太平天国时，“第一楼”等皆废。

◎建筑现状◎

◎俞楼位于孤山路32号，现为俞曲园纪念馆。

俞曲园的住宅原有多处：一在苏州，名“曲园”；二在杭州三台山，名“右台仙馆”；三即俞楼。此楼是光绪五年（1879）由他的学生徐花农等筹资为其在原“第一楼”旁重新修建，并“集花卉竹石、书简梅鹤”于楼内。以后友人彭玉麟又帮助增建，故有“徐辟彭更”之说。为感激众人厚意，俞樾自书一联悬于楼前：“合名臣名士，为我筑楼，不待五百年后，此楼成矣；傍山北山南，循地选胜，适在六一泉侧，其胜如何。”

俞楼初建时为中式二层三开间楼房建筑，圈有围墙，院内亭台楼阁，花木繁茂，假山叠石，玲珑剔透，有西爽亭、瓢池、伴坡亭等景观。后围墙拆去，庭院渐废。有人曾为俞楼题联云：“千古一诗人，文章有交神有道；五湖三亩宅，青山为屋水为邻。”

光绪三十三年（1907），俞曲

人物链接

◎俞樾（1821—1907），字荫甫，号曲园。浙江德清人，清代著名学者、经学大师。历官翰林院编修、提督河南学政。道光三十年（1850）进士，保和殿复试时因诗中有“花落春仍在”一句，为阅卷官曾国藩所激赏，谓言落花而无衰飒意，得置第一。此事遂为俞

园辞世后，他的家人很少再到西湖，人去楼空，木构建筑渐渐破损，楼前假山叠石也时有崩塌，名噪一时的湖楼竟成危楼。1920年，俞曲园的亲友决计重建俞楼。拆除了俞楼破旧建筑和庭中假山，又耗资上万银元，在楼址建筑起一座青砖实叠、本瓦坡顶、四面开窗的中西式三层楼房；同时重修了楼后的曲廊、山上的小榭，四周围墙也重新砌造，内外布置一新。

一个多世纪来，俞楼像一片文化的祥云，漂浮于杭州西湖的上空，为世人所仰慕。1924年4月1日，俞樾后人俞平伯先生写下了《湖楼小撷》一文，细细地描摹了黛山绿水、东墙西垣的景致，发出了日月流光、星移斗转的感叹。的确，作为俞樾的曾孙，俞平伯对俞楼、对西湖总有“一种茫茫无羁的依恋，一种在夕阳光里，街灯影傍的依恋”。他在杭州教过书，又常来西湖“闲住”，还娶了一个杭州姑娘许宝钏为妻。正如朱自清所说，俞平伯是与西湖“粘”在一起的。他的大量诗文如《西湖的六月十八夜》、《竹箫声里的西湖》、《忆江南》、《眠月》等，都是描写西湖的艺术珍品。

徜徉俞楼，但觉大师的精魂犹存。杭州市已将这座房龄达120年之久的名宅按旧时风貌重新修建。新落成的俞楼采用歇山式重檐屋顶，两层三开间，灰墙黑瓦赭壁，面积约350平方米。屋后添建连廊并与重修的西爽亭、伴坡亭相接，青石牌坊上书“小曲院”，整个园林再现了昔日俞楼的清新雅致，实为孤山一景。

“行到白沙堤尽处，居然人尽识俞楼。”后人领略这一句诗的诗意时，更多了一处具体的物象。

樾终生感念，以致后来将其书房命名“春在堂”，以志不忘。自咸丰七年（1857）从河南学使任上以事罢归后，俞氏便寄寓苏州，并先后主讲于苏州紫阳书院、上海求志书院、杭州诂经精舍数十年。著述讲学之余，俞樾“总办浙江书局，建议江、浙、扬、鄂四书局分刻《二十四史》，又于浙局精刻子书二十二中，海内称为善本”（《清史稿》），对于我国文献古籍的整理和出版颇著功绩。其学深湛，“其著作之丰、门下之盛，隐然为清季东南学术重镇”。从学者甚众、人才辈出，如国学大师章太炎、书画金石大师吴昌硕以及日本一些著名学者皆出自他的门下。

◎**孤山路** 东起平湖秋月，西折北至西泠桥。以路沿孤山得名。唐时称白沙堤，宋时称孤山路，今复称孤山路。

◎链 接◎

诂经精舍是清代嘉庆时期的著名书院。

诂经精舍地处浙江杭州府治孤山之阳，左三忠祠，右照胆台，面对西湖。它由清代阮元于嘉庆六年(1801)正式创建。阮元，字伯元，江苏仪征人，是乾嘉时期的著名学者，生平著述宏富，著名的著作有《十三经注疏并释文校勘记》245卷，《经籍纂诂》106卷。嘉庆二年(1797)，阮元督学浙江，他遴选浙江能够从事经学研究的人，构屋50间，聚居于孤山之阳，编撰《经籍纂诂》一书。次年八月书成，阮元任兵部侍郎入都。不久，又奉命抚浙，于嘉庆六年(1801)正月，在原来修书旧地，建为书院，取名"诂经精舍"，招收历年由浙江十一"郡所选拔的优秀生员来精舍读书。同时又在西偏筑第一楼，为生徒游息之所。"

诂经精舍的办学宗旨是崇尚汉学，培养经史学术人才。精舍设有掌教，亦称主讲、山长或院长，或称讲教，一般由巡抚聘任。书院开创之初，主讲者自阮元后，有乾嘉之际的著名汉学家王昶、孙星衍二人。精舍主讲、监院的任期，少则一年，多则十年，而俞樾担承山长为时最久，竟有了三十一年。

诂经精舍在办学期间，培养了大批著名学者。清咸丰年间，诂经精舍毁于战乱。直到清同治五年(1866)，才由布政使蒋益澧发起重建，山长俞樾撰有重建精舍记。光绪十二年(1886)十月，第一楼遭火灾焚毁，次年改建许郑祠，并于旧址增建式古堂，作为诸生讲习之所。

光绪二十三年(1897)七月，巡抚廖寿丰奏将杭州的敷文、崇文、紫阳、诂经、学海、东城等六书院，改为专课中西实学之"求是书院"。当时诂经精舍办学经费短缺，又因掌教俞樾辞聘而去。后来由谭献、汪鸣銮相继主讲，延至光绪三十年(1904)正式停办。

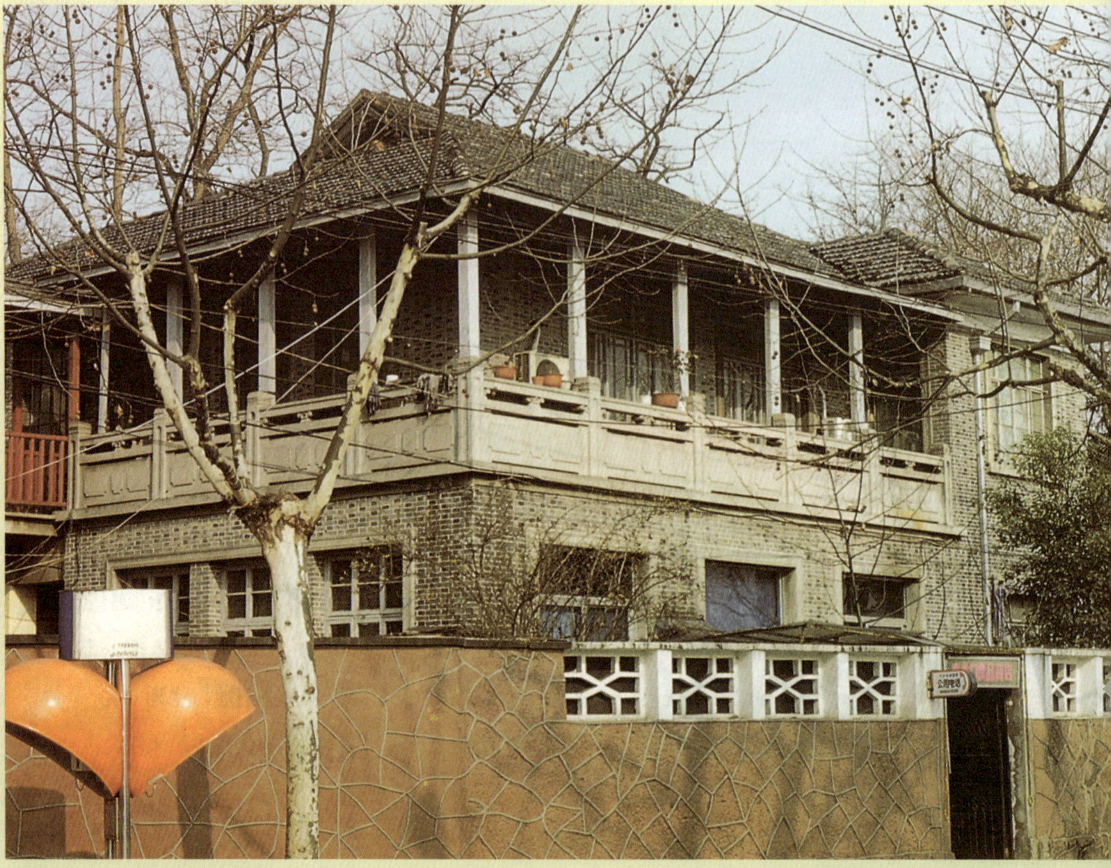

○始建于20世纪30年代○

蒋经国旧居

◎抗日战争胜利后，蒋介石的长子——蒋经国携妻带儿来杭州，定居于西湖十景之一“断桥残雪”旁的一幢小楼里。与蒋介石的澄庐相比，简朴许多。

◎人物链接◎

◎蒋经国，浙江省奉化人，蒋介石长子。早年在家乡、上海、北京接受中小学教育。1925年去苏联，先后进莫斯科中山大学、列宁格勒红军中央军事政治研究院学习。在苏期间，曾任农村苏维埃副主席、工厂技师、厂长。1935年与苏联人芬娜(后名蒋方良)结婚。

蒋经国安家西湖是出于三种考虑：一是西湖远离内战前线，相对安全；二是西湖环境比较清静，有利于子女读书学习；三是西湖位于宁、沪、浙东中间，便于家属往返于首都南京、老家溪口和中国最大都市上海。

◎建筑结构及特色◎

这幢两层西式别墅，落成于20世纪30年代，今为石函路7号。背依保俶山，前临西湖，西傍断桥，东近石函，别墅依地势而建，平面呈不规则多边形，建筑基本保持原貌。南面临街围墙用红褐色块石砌成，北面靠山则以天然崖壁作屏障，东南角开一灰漆铁门。主楼外墙用一色的上海倪增茂青砖砌成，楼内铺一色的长条柚木地板。进入楼内通道，右边朝北依次是储藏室、用餐间和卫生间；左边朝南为大套间用作客厅，是当年少壮派、青年军的聚会场所。楼上东南角的一个套间是主人蒋经国夫妇的卧室，其余则为书房和家属卧室。楼上还有一天桥走廊与北面副楼相通，副楼为侍卫、佣人等使用。

楼对“断桥残雪”，窗含湖光山色，又与蒋介石的澄庐隔湖相望，令蒋经国一家甚为满意。

■蒋经国全家福

◎链　接◎

蒋经国东奔西走常年在外，但也时常抽暇由宁、沪坐车回家。他喜欢侍弄花草，规模不大的庭院里就种有不少桂花、棕榈、玉兰、天竺、枫树，至今犹有遗存。他对西湖名胜也有所偏爱，最喜欢的去处是玉皇山，与当家道士李东阳私交甚厚。

1946年初夏，蒋经国邀请上海市长吴国桢同来西湖小住，结伴上了玉皇山。山中道长李东阳飨以丰盛素食，清鲜可口，蒋吴两家吃得十分满意，便要来化缘簿，用毛笔写了“蒋经国乐助一千元”、“吴国桢乐助伍百元”。餐毕，两家又一同欣赏了道长的武术表演，尽兴而归。

蒋经国当时有二子一女，长子蒋孝文，女儿蒋孝章，次子蒋孝武。孝文和孝章都在杭州名校读书，前者在蕙兰中学，后者在弘道女中，出头露面，都相当活跃。放学后，他们常在西子湖畔划船、游泳、钓鱼、开车，自由自在，无

忧无虑。只是他们十分引人注目，当时的杭州市长周象贤和蒋家的侍卫随从们，常为他们的安全问题挠头焦虑。1948年10月，蒋经国夫妇在杭州又生一子，取名蒋孝勇。

在湖畔别墅相夫教子的俄籍夫人蒋方良（原名芬娜），个性温婉，孝顺公婆，体贴丈夫，教子有方，符合中国传统妇女的标准。蒋介石夫妇对她也较满意，连她的中国名字方良——方正贤良之意，也是蒋介石起的。别墅上下都说她为人热心，待人亲切，是蒋氏门中最得人缘的。有人还将她与宋美龄作一比较，说婆婆以一个中国人而醉心于西方文化，而媳妇是个“老外”，却一意把自己投入东方文化的染缸。两代夫人对比鲜明，反差强烈。

春华秋月，往事如烟。如今，蒋家三代（蒋介石、蒋经国、蒋孝文）都已去世，而故楼依旧，西湖更美。

約園

○始建于20世纪20年代○

约园

◎约园，位于杭州弥陀山麓的金祝牌楼。关于约园，主人张寿镛先生在《约园杂著续编自序》中说："回溯生平，一溺于词章，再溺于简牍，三溺于夸多斗靡，于是思幡然易辙，自号约园。"

◎建筑现状◎

◎约园，位于杭州弥陀山麓的金祝牌楼附近，现为民居，保存尚好。

据张寿镛先生的儿子——现已八十多岁的北京大学历史系教授张芝联回忆，父亲当年的确在杭州建造了房子，而且，张寿镛在上海、宁波的住所都称为约园。

杭州约园占地面积1.63亩，园中有两层三开间主楼、两层两开间辅楼各一座，中间以楼廊相连，建筑面积约五百平方米。围墙用黄石垒砌，楼房以青砖勾缝，青石条台阶，“周福昌”名砖，整幢花园别墅洋溢出古韵今意，真正的中西合璧。

张寿镛嗜好藏书，最盛时达16万册之多，所以约园其实是他的藏书楼。他说：“余何尝有园，有约乃有园，园者囿我者也。”这是对他自署约园的很好注释。1945年7月，张寿镛病逝。夫人蔡瑛将约园藏书分赠给北京图书馆和湖州南浔小莲庄嘉业堂藏书楼。其中，在杭州刻字坊制作的老派雕版还是珍贵的文物。

◎张寿镛◎

◎链　接◎

张寿镛（1876—1945），字伯颂，又字咏霓，号约园，鄞县人。1903年中举，任江苏淞沪捐厘总局提调。后回宁波任宁波政法学堂监督。不久即调任杭州关监督。辛亥革命后，历任浙江、湖北、江苏、山东等省财政厅长。1927年10月，任财政部次长，并兼江苏省财政厅长。1925年“五卅”惨案时，美国教会所办的圣约翰大学当局压制学生爱国行动，五百多名学生愤而离校，张寿镛与学生家长王丰镐等创办光华大学。王丰镐即西湖北山街“省庐”的主人，曾任浙江交涉使。由他捐地60亩，张寿镛筹款数万元，逾年而成，安置了离校学生，张被推为校长。师生们将学校礼堂命名为“丰寿堂”，表示对王丰镐、张寿镛的敬仰。1933年，王丰镐去世。张寿镛撰《王省三先生并序》，回忆当年自己与王丰镐初创光华大学的动人情景。抗日战争时期，张亲自任教。后将讲稿辑成《约园演讲集》、《经学大纲》、《史学大纲》等。

若榴花屋

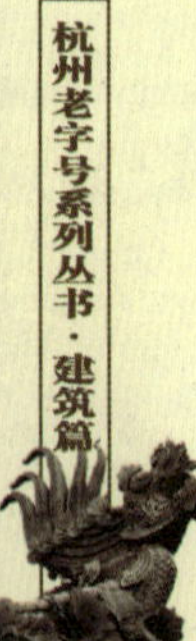

○始建于中华民国二十四年（1935）○

若榴花屋

◎龙游路，西湖边一条不起眼的短街，昔日却是藏龙卧虎之地：4号住着著名教育家、湘湖师范校长金海观，6号住着著名教育家、浙江师范学院院长郑晓沧，17号住着著名作家陈学昭，2号（今15号）更住着著名书法家沙孟海和陈布雷的胞兄、著名图博专家陈训慈。

◎建筑现状◎

◎现在，若榴花屋的沙老旧居已辟为陈列馆，“沙孟海旧居”题匾为“九二老翁”钱君匋所书，陈列馆虽然只有200方米，却为后人瞻仰大师风采提供了一个身临其境的场所。

◎沙孟海（1900—1992）◎

◎链　接◎

沙孟海素以书法、篆刻和国学著称于世，几乎无人不晓。然而，他的这一故居却“貌不出众”，知者甚少。至于这幢陈旧简朴的青砖小楼有个雅号叫“若榴花屋”，则更是鲜为人知了。

1926年的夏天，沙孟海为便利两个弟弟沙文威、沙文求以及陈逸僧、陈修良姐妹和徐玮等从事革命活动，租赁了上海戈登路（今江宁路）715号为临时寓所。此屋原是农民的宅园，环境幽雅，地点偏僻，很适合读书治学和从事党的地下工作。小园种有几棵石榴树，榴花盛开，沙孟海颇为满意，额之曰“若榴花屋”。由于革命者往来频繁，引起了附近英国巡捕房的注意，开始监视和搜查“若榴花屋”，沙氏兄弟等于是迅速迁出。

有人评价沙孟海为书坛刚劲一派中千年以来第一人，尤其是他的擘窠大字在书坛独占鳌头。他20世纪50年代写的灵隐寺“大雄宝殿”（20世纪80年代重书）匾额和20世纪80年代写的六尺见方的巨书“龙”字，都是名闻遐迩的代表作，被书界誉为极品。而又有谁知道，沙老的这些作品大多是在他仅有的一间斗室里酝酿并完成的。

◎建筑结构及特色◎

若榴花屋占地面积1.299亩，为两层三开间四进深砖木结构的西式花园别墅，建于1935年，共有建筑面积332.88平方米，楼上楼下有14间房。后院由一连廊连接一排5间平房。

花屋大门是石库门式样，穿过甬道和花园，为一砖柱凸形门楼，下为廊，上为房。楼内木地板、木楼梯、木门、木窗质量上乘，楼梯扶手柱头刻有纹饰。高耸的壁炉烟囱、独特的玻璃小格木门和青砖实叠洋瓦显现出西式洋房的特质，青砖墙上还刻有窑主的名字。小院里种着几棵火红的石榴树，石榴花开之时，衬得房子十分雅致，沙老便“用旧名榜西湖新寓”，延续了若榴花屋的文脉。

九芝小筑

◎创建于20世纪20年代◎

九芝小筑

◎九芝小筑，这个名字在杭州可说是鲜为人知。但要说起湖畔居茶馆，恐怕无人不晓。其实，湖滨圣塘景区的湖畔居茶馆内那几幢老房子就是当年的九芝小筑。

◎建筑现状◎

◎九芝小筑位于湖滨路23号，现为湖畔居茶馆的一部分。

◎建筑结构及特色◎

20世纪20年代，钱塘门外的圣塘路9号（现湖滨路23号），一座气派的门楼连着高高的风火山墙，围起了一个占地3.155亩的院落。院中有三幢风格各异、体量不等的西式别墅，组成了“九芝小筑”别墅群。

奶黄色的一幢带有欧洲古典主义的风格，它坐北朝南，砖石结构，建筑平面呈不规则状。三层三开间的空间里多用爱奥尼克柱和瓶式栏杆，坡屋顶的红色洋瓦和尖塔、二楼的圆形阳台和三楼的方形阳台，表现了欧式建筑的丰富变化。此楼建筑面积达534.07平方米，有房21间。

坐西朝东的一幢具有欧洲乡村别墅的风格，砖木结构，两层六开间，东立面那出挑的阳台和门廊，以及券窗和窗框上的山花，还有坡屋顶上一字排开的四扇券形气窗，极富装饰韵味，为杭城少见。此楼建筑面积514.18平方米，有房20间。

现为杭州棋院的那幢西式别墅则规整多了，正正方方的一块，上下两层三开间，建筑面积364.34平方米，有房14间。此外，九芝小筑院内尚有一园、二亭、三廊及若干辅房。

◎链　接◎

◎黄楚九◎

九芝小筑最早的主人就是沪上大名鼎鼎的海派商人黄楚九。黄楚九祖籍浙江余姚，发迹于上海滩。他办游乐（大世界）、开药房（中法大药房）、设银行（日夜银行），生意做得“野豁豁”，成为上海滩屈指可数的商界大亨，飞黄腾达，名噪一时。此时，他在西湖陆续建造了九芝小筑这座巨宅。黄氏对“九”这个字特别钟情。他的自备汽车是“999”的牌号，开的中药店叫“九芝堂”，成立的新药公司称“九福公司”，开的戏院叫“九星”，就是他自制的信笺，也是九行，而不是传统的八行。

九芝小筑在黄楚九破产死后成为债权人的财产之一，价值4万两银子。后几易其主。现为湖畔居茶馆的一部分。

◎始建于清乾隆年间◎

丁家花园

◎据《梦粱录》载，丁家花园原是宋代杭州石榴园遗址。清乾隆年间，巡抚王望占为别墅，王败后，家户籍没，园之一部分割为山东盐运使丁阶寓所有，改称丁家花园。后又属旗人固鲁铿，更名固园。民国时，园内又增建了现在的西式别墅。

◎建筑现状◎

◎丁家花园位于上城区奎垣巷兴安里33号，现为杭州市文物保护点，保存尚好。

◎建筑结构及特色◎

丁家花园是杭州旧城区所剩不多的古庭院之一，现有面积1700平方米。进入大门，左边沿围墙是一条长廊，上覆黛瓦，下设勾栏，可遮风挡雨，可观园赏景。穿过一座假山门洞，依次是厨房、书房等；右边沿围墙为一卵石铺成的花径，直通花园西南角的书屋。一廊一径，左右环抱着一大一小两幢中西式联体别墅和一个硕大的花园。

别墅用清一色的“周福昌”砖砌成，门梁廊柱用钢筋水泥浇筑，地坪用水磨石铺设，采用西方图饰，坡顶用洋瓦覆盖，室内则一律用红漆地板，钢窗木门。西边一幢别墅略小，为两层三开间；东边一幢略大，为两层多开间。两幢别墅中间又有一空中走廊相连，有分有合，错落有致。两幢别墅用料相同，结构一致，大小别墅上下各有一个宽大阳台。

别墅前庭是个大花园。碧水一泓，奇石嶙峋，花木繁茂，小桥流水，亭台廊榭，曲径通幽。其中有古珊瑚朴树一株，干粗两人合抱，已有数百年历史。

话说奎垣巷

◎**奎垣巷** 南起羊坝头，北至开元路，东连比胜庙巷，宋时名石榴园巷，以园得名，清改名奎垣巷。

◎链 接◎

◎陈其采◎

■**丁家花园曾经是浙江近代史上著名的吴兴陈氏的宅第。陈其采字蔼士，曾担任浙江省府委员兼财政厅长、中国银行杭州分行副行长、浙江省财政委员会主任委员，他在杭州的别墅就是丁家花园。他退出“江湖”后，一直居于此，吃斋念佛，并将丁家花园更名为“度心香馆”。**

吴宅

源遠流長

◎建筑现状◎

◎吴宅位于下城区岳官巷4号，现作为杭州传统工艺馆对外开放，被列为杭州市文物保护单位。

○始建于明万历年间（1600前后）○

吴　宅

◎吴宅，始建于明代万历年间（1600前后），原为学官吴龙山、吴云桥兄弟所居。清咸丰年间，归云贵总督吴仲云所有，并予以改扩建，故称“吴宅”。是一座具有江南特色的官宅府第，也是杭城仅存的几处明代大型宅邸建筑之一。

◎建筑结构及特色◎

吴宅占地约0.47公顷，平面布局有三条南北向并列轴线。中轴线上有轿厅、账房间、守敦堂、道福堂、肇新堂等，形成五进院落，面阔均为三间。道福堂和肇新堂为两层楼房。西轴线上为华宜馆，原来前有花园后有竹园，为主人宴客会友之处。东轴线上，前部为书房及载德堂，其间均有精致庭院，后部为次要住房及厨房杂屋等。三条轴线之间筑有“备弄”，作为交通路线及防火之用。四周围以高墙，房屋山尖处以马头墙处理。整个布局井然有序。

吴宅在“文革”时期遭到严重破坏，百年以上的名贵花木和明代楠木雕刻“五福献寿”均被毁，三十余间房屋被拆除。只有大厅、二厅尚存，继而成为47户居民的杂居院。但从现在遗存的建筑仍可看到一些精致的木雕、砖雕。

吴宅房屋已按原样于20世纪90年代进行了全面整修，建筑布局作了局部调整，并作为我国明清江南民居典型实例，被收录于刘敦祯主编的《中国古代建筑史》。

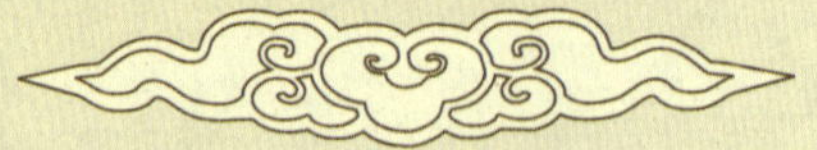

高莊

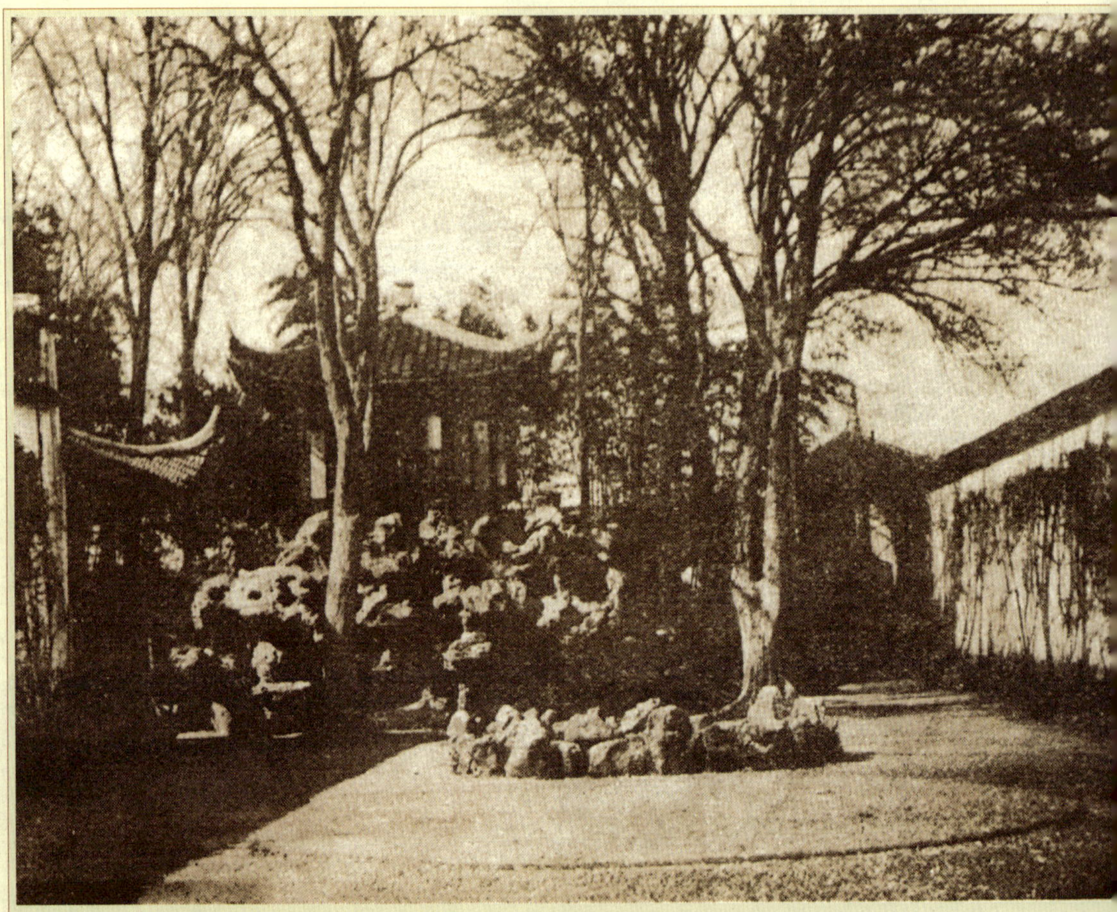

○始建于清光绪三十三年（1908）○

高庄

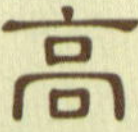

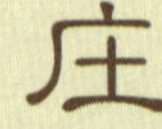

◎杭州高家为名门望族，广有产业，太平军攻陷杭州时，英王陈玉成即以双陈巷高府为王府。高家在城中有多处豪门大宅，而在城外，仅高庄一所。

◎建筑现状◎

◎高庄今已大部不存，只剩“藏山阁”一处，犹见当年庄园之精妙。

◎链　接◎

高庄，系高家高云麟、高骖麟兄弟所建。高骖麟时为杭州电报分局总办委员，相当于后来的电报局局长。1912年，其兄高云麟接替弟弟任浙江省城商办电话公司董事长。西湖的庄屋别墅多属于他省或他县人氏。只有高庄，是真正杭州人的产业。高氏于清光绪三十三年在此建成别墅，名为红栎山庄，亦称豁庐，俗称高庄。园广十五六亩，前含山色，后挹湖光；布置精雅，引人入胜；万竿丛竹，尤饶娴静；临湖红楼，架为水阁；五色文窗，至为雅致。有一楼曰鸥渡，俯瞰园景，历历在目。俞曲园曾为高庄书联曰：

选胜到里湖，过苏堤第二桥，距花港不数步；

维舟登小榭，有奇峰四五朵，又老树两三行。

高庄园景以春竹、夏荷、秋菊、冬梅出名，庄后小桥，直通湖中，泛舟可达各处名胜古迹。

关于高庄，高家的后人、八旬老人高诵芬女士1994年在澳洲有段生动的回忆：“立夏头一天，在高庄管庄的朱师傅必拿一大札青精饭叶子来。高庄是我家在西湖边的庄园，由我曾祖父所建，造得幽雅非凡，成为西湖一景，直到现在遗迹仍在。平时因为主人并不去住，只是空关，所以管庄子的朱师傅空闲得很……庄园占西湖一角，湖中种有莲、荷、菱、藕。到了夏天，朱师傅采了鲜菱、鲜藕送上门来，让主人尝鲜。庄中也有菜园，种些一年四季需要的特殊菜果，比如青精饭叶子就是一种。”高庄就是这样一座可居可玩，可观可赏的西湖名园。

杭州老字号系列丛书·建筑篇

OLD-LINE 建筑篇 BUILDING

◎景观·宗教建筑◎

望湖楼

○改建于中华民国十五年（1926）○

望 湖 楼

◎“黑云翻墨未遮山，白雨跳珠乱入船。卷地风来忽吹散，望湖楼下水如天。”北宋诗人苏东坡的这首《六月二十七日望湖楼醉雨》，多少年来一直是西湖名楼——望湖楼的“形象广告”。

◎建筑现状◎

◎望湖楼建筑面积493平方米，该工程1987年荣获浙江省优秀设计三等奖，现为茶楼。

望湖楼，又名得月楼，位于石塔儿头南麓、北山路东端。翻修前为清代建筑，1926年改建成以望湖楼为主体配以餐秀阁的湖上园林。在1984年底的环湖动迁建设中，著名园林学家卜昭辉等把原来面阔三正加两山廊开间的望湖楼移至最高处，砌石垒基，构筑平台，楼屋歇山飞檐，青瓦漆柱，须弥座台基，一色的青石栏柱，典雅大方，给人以楼台巍然高耸之感。

据洪尚之先生考证，餐秀阁原为清代山东巡抚张曜西湖别墅中的一幢楼阁，雕梁画栋，花栏环绕，工丽精致。1985年，这座古朴隽雅的木结构楼阁被精心拆卸，完整保留，迁至新址重加拼构。一东一西，一大一小，一高一低，错落有致的望湖楼和餐秀阁分列于一株大樟树的两旁，或雄踞，或低伏，分而不隔，互为对景，颇具“凭栏依旧水如天”的意境，堪称园林设计之佳构。

○始建于中华民国十五年（1926）○

菩提精舍

◎菩提精舍位于西湖区北山路45号，占地2.15亩，建筑面积1911平方米，为砖木结构歇山顶近代建筑。

◎建筑现状◎

◎菩提精舍位于西湖区北山路45号，2003年经修葺后对外开放。

◎建筑结构及特色◎

精舍南朝北山路，北依葛岭，大门处有一精致门楼，石条石板，飞檐翘角。进门即为一横狭天井，进入大殿，有5排各8根青石柱子，共40根，屋架上的牛腿、檩、枋、椽支撑起整个大殿，上铺本瓦。细看青石地面，中间有一块汉白玉石龙形石雕，保存完好。大殿右侧墙上嵌有石碑一块，保存完好，上书《创建菩提精舍缘起碑记》，字迹清晰可见。

穿过大殿，后面也是一横狭天井，迎面是一堵空斗砖墙，正中有一西式门楼——通往后院的走马转角楼。

◎链　接◎

1926年，一群本发了横财的沪杭商人忽然良心发现，竟隔绝了市廛的红尘，以居士的身份筹集款项，于杭州西湖北山路一依山临湖的雅致之所购地2.67亩，建造了名曰"菩提精舍"的念佛礼诵之所。他们是傅裕斋、于甘仁、倪大椿、谭步韶、严子良、孙良臣、傅裕经、傅庭芳、沈晋镛、金益如、林双泉、陈载峰、庄海涛、李述初、吴祖昌、谭子临、谭石卿、谭海秋、谭竹馨、罗稚云、谢崇华、田玉树、傅梦弼、谭肇贵。尽管这些名字不怎么为常人所知，但在当时商界，他们称得上是"精英一族"。

世事变迁无常，菩提精舍后经多次转卖，曾分别是信谊药厂、康元制罐厂的产业和机关宿舍。2003年5月1日，菩提精舍修葺后对外开放，成了市民游客参观休闲的场所。

后院是一幢合院式的花园别墅，入门即为青石板铺设的大天井，大门门楼两侧有两根爱奥尼克立柱，上方有大幅西式浮雕。天井庭院四周围以相互连通且颇为宽大的内回廊，而且楼层上下均为这种走马回廊形式。楼屋为两层三开间加屋顶平台，另有左右多间厢房和附属用房。全楼共有28个房间，约六百多平方米。楼后有左右两座精致花园。楼顶上方为一回廊形大阳台，四周用石栏杆围绕，可远眺湖山，近观花木，视线极佳。整幢建筑精雕细琢，木雕门窗、石膏线脚、水磨地面、瓶状栏杆，格局布置两厢对称，上下统一，中西合璧，堪称精品。

回过头来，我们再来品味《创建菩提精舍缘起碑记》。漫漶的碑文道出了24位商人现在看来颇为迂腐的良苦用心：一祈各人的历代祖宗、现生父母，以“消除无始恶业，增长殊胜善根，预莲池之海会，证本具之法身”；二祈居住此地的念佛诸师、各社友、诸眷属，愿诸人“三障冰消，

五福云集，生入圣贤之域，没归极乐之邦”；三祈所有耳闻目睹菩提精舍者“各各效行，共转凡心，以成圣智，则礼让兴而兵戈永息，忠恕起而物我同观”。为修得正果，脱得苦海，商人们又煞费苦心，订得五条宗旨大纲：其一，礼请戒僧七位，以主持每日的课诵念佛，其所需衣单食用由大家分摊；其二，为免见异思迁、日后纷争，规定每人只传一房，不论当初筹款多少；其三，不得应酬筹款人以外的经忏佛事，即使逢年过节，亦不得任人随便烧香；其四，荤酒不许入门，凡下棋、打牌以及与佛法相违之事，一概禁止；其五，筹款人可随心所欲居住，惟不得携带女眷、小孩，更不允许女眷住宿。前两条与佛无关，貌似精打细算乃至尔虞我诈的本性，犹抱琵琶半遮面，羞羞答答的，本欲皈依佛门，却终究难以脱俗；后三条则是有关亲近佛门净地的清规戒律，话已说得明明白白，清清楚楚，你若身体力行，定能到达那豁然开悟的“菩提”境界。

大佛寺

○创建于中华民国十四年（1925）○

大佛寺

◎大佛寺又称大佛禅寺、大石佛院，坐落于宝石山南麓。原先在北山路有寺院大门，拾级而上，盘旋数弯，就见到了大石佛。1929年，因举办西湖博览会改造路面，寺门前修马路，于是拆去了寺门，仅剩今天黄石堆砌的双落地上山台阶一座。

北宋时，有僧人思净就“秦皇缆船石”镌刻成一座大佛半身像，并在其上建造了佛殿，称为大石佛院。并将一旁兜率寺大殿上的匾额移到新建的大殿上，又称“兜率寺”。后院殿屡建屡毁，致使石佛苔痕草色，斑驳迷离，加之人为损害，大石佛像迄今只能依稀见个大概。清光绪年间，又有僧人于大石佛旁建造弥勒殿，并在大悲阁遗址上建立祖堂、僧舍等数栋房屋，有遗迹流传至今。20世纪20年代，大佛禅寺的山门已建到北山街旁的西湖之畔，山门上“兜率寺”三个大字为康有为手笔。

在大石佛像的西边，今北山路27号院内，有一座飞檐流角、左右对称、两层三开间进深四间的四合院建筑，基本格局完好。筑于山顶的房屋为石叠台基和砖砌屋墙，有一种壁立千仞的气势，二楼的木构件如楼梯、栏杆等还是晚清的样式。尤为难得的是在院中的西厢房的墙壁上还嵌有三块完好无缺的乾隆皇帝题字碑和一块《弥勒院重建大悲阁记》，近年刚被人发掘出来。由此，与27号院子相通的西边院子也可确证为大佛禅寺的遗址了。西边院子是一幢五开间进深二间的大殿，按其格局型制应是大悲阁原址上重建的祖堂。

◎链　接◎

“南朝四百八十寺，多少楼台烟雨中。”清末民初，杭州三步一庵，五步一庙，许多寺庙都有僧舍出租。“天下名山僧占多”，这些客舍大都幽雅清静，与世隔绝，颇受读书人和疗养员的青睐。除大佛寺外，清修寺、玛瑙寺、清涟寺、韬光寺、定慧寺等也可供香客、游客寄寓。1921年1月，张闻天同志曾在大佛寺客舍中隐居多日，读书写作；陈望道先生也曾寓居于此，潜心翻译《共产党宣言》。这些史实与乾隆题字碑及大佛像，都是大佛寺宝贵的历史文化遗存，是佛寺之幸，北山路之幸。

话说弥陀寺路

◎**弥陀寺路** 南起省府路西段，北至体育场路。清末建弥陀寺，路以寺名。

○创建于清末民初○

弥陀寺

◎早时杭州有“东南佛国”之称，佛道诸教兴盛不绝，以寺庙命名的街巷就有潮鸣寺巷、白马庙巷、金刚寺巷、祖庙巷、菩提寺路、弥陀寺路、太庙巷，等等。弥陀寺路上的弥陀寺名列杭城四大寺院之一，它位于弥陀山山阴，树木茂盛，环境幽静，规模宏大，香火旺盛。

◎建筑现状◎

◎弥陀寺位于保路弥陀寺路53号，现为民居杂院。

◎建筑结构及特色◎

弥陀寺内建筑自清代至民国陆续建成，大都为砖木结构，一至二层，既有中式传统寺庙风格的大殿、僧房等，也有清水砖墙中西合璧风格的藏经楼等。弥陀寺历经沧桑，尽管整体风貌已严重受损，但仍存大殿、僧舍、藏经楼等主体建筑，共有建筑面积972平方米，且结构完好，雕饰精美，尤其是寺庙尽头的那一整片石刻难能可贵。

穿过低矮破旧的数间民居，长满青苔的整整一面墙上，录入了大段经文，阴刻非常之深，文字完全抠了进去，这样的刻法，这样的气势，目前在杭州找不出第二处。看着墙沿顶部的结构，那些石刻本来应该是在庙宇殿内的一面墙上，可由于各种改建，寺顶被掀了，石刻已经露天，局促在一条狭长的小弄里。光阴，让青苔爬上了文字的里面，用最古老的方式腐蚀着那些文字。在整个石刻的右下角有一个放置佛像的龛，如今佛像已不知所终。

在这一条弄堂里，全然隔绝了尘世的浮华。一束阳光折过屋檐从天空中流露下来，如同红色的珍珠一样弹在墙壁之上，幽暗之中显出一线生气。相信在不久的将来，弥陀寺将“重见天日”。

福星觀

○建于清朝末年○

福星观

◎福星观是杭州西湖著名的道院，以登高远望和素食佳肴扬名天下。福星观海拔239米，占地二十余亩，建筑数楹，大部分近代建筑为道长李理山所筹建。作家郁达夫在《玉皇山》一文中说："现在的道观，却是最近的监院紫东李道士的中兴工业，听说已经花去了十余万金钱，还没有完工哩。"

◎建筑结构及特色◎

山顶庭院的平面布局采取舒展一个中心，兼顾两侧翼，突出四个转角，多层次多空间的组合形式。建筑群的立体形象，中心部分简洁低平，以内向型为主，四个转角高耸舒畅，以外向型为主，这样既有利于静观，又便于远眺，虚实互具，是一个大院套小院的山顶庭园。

其中心部分是前有进厅、后有中堂、左右有廊庑的四合院。进厅三开间，进深二开间，以引人入胜的敞亭形式，左右通廊庑，正北对中堂，中堂面阔五开间，进深四开间，前廊轩后排窗，单檐歇山顶，左右廊庑正面檐下设挂落 。南天门为主入口，其北缘有四开间两坡顶楼房，近代道教耆宿，掌控玉皇山道院多年的李理山道士的藏书室就设于此楼，斋名为“丹井书屋”。李理山足迹遍及杭城书肆，喜购天文星象之旧抄本，不惜重价，广为罗致。藏书均系明版旧刻旧抄，数年之间，耗资数万。在杭城旧书业中极为罕见。解放后，丹井书屋所藏之书由浙江图书馆接收保藏。

玉皇道院的北端为“福星观”，供应素食佳肴，观内设“众仙歌舞图”壁画。在此品茗小酌，可观西湖群山抱明湖的景致。福星观东部有“天一池”，经补植花木、添建园路后，更显山顶庭园秀色。1985年评选西湖新十景时，这里以“玉皇飞云”应选。

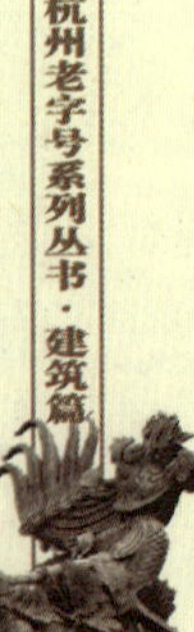

资料链接·杭州道教宫观概况

杭州在唐宋时期已建有著名宫观。南宋建都杭州后最盛，有御前十大宫观和七十二宫观。元、明、清时均有变化。民国二十一年(1932)，据社会调查全市有宫观280所。建国后，据1950年调查，全市共有宫观78所，其中全真派44所，正一派的34所。1958年有宫观46所，合并后保留5所，“文化大革命”时期被占，1985年恢复1所。

◎链　接◎

李理山——杭州玉皇山福星观监院。

他是江苏镇江人，生于清同治十二年(1873)。自幼在杭州玉皇山福星观拜师出家，道号紫东。玉皇山福星观是道教全真派在江南五省(苏、浙、皖、赣、闽)的第一座“子孙丛林”，香火旺盛，远近闻名。李理山自幼在此名山宫观中读经习武、陶冶性情。由于他才华出众、办事果断，在青年时代就成了福星观的当家。他带领道众在山上植树造林，修建宫观殿堂。并挖掘了“天乙池”，开辟了“紫来洞”，使玉皇山成为满山葱翠、殿宇庄严的洞天福地。由于福星观声誉日高，李理山在江南道教界中也成了赫赫有名的人物。据传，在国民党政府统治时期，他与江西龙虎山天师道第六十三代天师张恩溥齐名于江南。

1937年抗日战争爆发，日本侵略者大肆进犯，不久，杭州沦于日寇铁蹄践踏之下。李理山道长义愤填膺，热血沸腾，再也不能潜修于静室。出于民族自尊心与爱国感情，他毅然决定，停止宫观宗教活动，带领道众全力投入抗日救亡的工作。李理山道长爱国爱民、济人之难的高尚品德，在这一时期表现得最为鲜明卓越，因而他在道教界及民间也更受尊敬。

多年来，道教界中人多把李理山描述为江南武林侠客。说他不畏权贵，慷慨仗义，武功超群。在宫观生活中，他律己严，对人亦严，道众日事诵经习武，不准稍越规范。在江南道教界，他与张恩溥分别为全真与正一两大道派的领袖人物，解放前两人曾多次协议建立统一的、全国性的道教组织，但总因时局动荡与两派意见不一而未果。

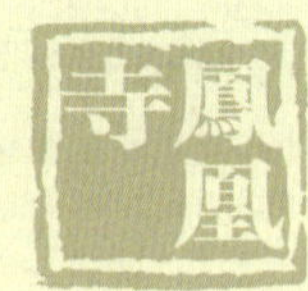

○建于唐贞观年间（627～649）○

凤凰寺

○杭州凤凰寺，曾名礼拜寺、真教寺、回回堂，清光绪十八年(1892)称凤凰寺，是我国南方现存伊斯兰教四大古寺之一。

◎建筑现状◎

◎凤凰寺位于上城区中山中路325号，现为浙江省重点文物保护单位。

凤凰寺始建于唐贞观年间(627－649)，当时较简陋，宋代已具规模。宋代后期，寺毁。元代时，回回大师阿老丁于至元十八年(1281)眺遗址，捐金开始重建，由其后裔在至正元年(1341)建成较完整的具有中国和阿拉伯文化交融特色和传统的礼拜寺(现存大殿是元代建筑原貌)。明代，自明初至弘治六年(1493)均有修建和完善。殿内木刻“天经一函”是景泰二年(1451)重修时所置。万历四十二年(1614)，杭州回回堂失火焚毁。清顺治五年(1648)及光绪十八年(1892)，这座古寺又经过重修，立有碑记。康熙九年(1670年)立的《真教寺碑记》，记载了伊斯兰教传入杭州及兴建清真寺的历史。

据寺内清康熙九年碑文记载：“真教寺创于唐、毁于宋，重建于元世祖至元十八年（1281）。元至正元年（1341），来自西域的阿老丁大师捐金重修该寺。景泰二年再次重修。”清光绪十八年（1892）立匾额“凤凰寺”，因该寺建筑群形似凤凰而得名。1932年修建中山中路时，凤凰寺前门和望月楼被拆除。后因年久失修，木结构的前大殿有倒塌的危险，政府于1953年拨款进行大修，重建了近代建筑形式的前殿。

◎链　接◎

伊斯兰教于七世纪传入中国。唐太宗贞观年间(627－649)经海道来到杭州居留的阿拉伯人和波斯人，建立了清真寺，将伊斯兰教传入杭州。

宋代来杭州经商的阿拉伯人日多。到了元代，大批西域人或因官或因商而定居杭州。这些信仰伊斯兰教的人聚集在今清泰门内荐桥以西，羊坝

头的礼拜寺(今凤凰寺)，形成一个回回居住区。明代杭州回教(因回族人多信伊斯兰教，过去也将伊斯兰教称回教)，取得了与佛、道教同等的地位。

清代，杭州的回教又有了发展。今凤凰寺内的碑记中有“吾教之行于中土较前尤盛”之记述；顺治年间(1644—1661)着手重建了真教寺；康熙年间(1662—1722)立了《真教寺碑记》，此碑上方正中书以“皇亲”二字。

民国时期，杭州的回族人皆称为回回或穆斯林(教徒)，在中国回教协会杭州分会和凤凰寺董事会等组织中，有商、政方面知名回族人士任职，在教

◎资料链接◎

◎中国沿海伊斯兰教四大古寺：广州怀圣寺、泉州圣友寺、杭州真教寺、扬州仙鹤寺。

内还举办公益和教育事业。

杭州解放后，信奉伊斯兰教的民族及其风俗习惯，受到政府和社会各方面的尊重。1953年，市政府拨款修复了凤凰寺，使其保持了原有的宗教建筑特色。1961年，省政府将凤凰寺列为省级重点文物保护单位。宗教人士积极参政议政，热心举办各项文教、公益事业。“文化大革命”期间，宗教活动一度中断；1973年凤凰寺重新对外开放；1979年恢复正常的礼拜活动；1980年成立杭州伊斯兰教协会，恢复正常的宗教活动，开展国际国内友好交往等活动。

◎建筑结构及特色◎

凤凰寺大殿为现存寺内最古老的建筑物。砖结构，三开间，不用梁架，每间四壁上部转角处作棱角牙子叠涩收缩，形成圆形上口，其上覆以半球形顶，殿顶外观起攒尖顶三座，筒板瓦垄，翼角高翅，前檐三间有券门一，两山面各作壶门二，弧线流畅。是阿拉伯建筑形式和中国民族建筑形式相结合的典型实例。

大殿后壁有须弥座三座，用青砂石料制成，两侧作竹节望柱。束腰雕刻，构图洗练，梦枝细柔，刀法遒劲，中间须弥座上有木雕的“经函”，上刻《可兰经》经文海石榴花纹。新修建的前殿造型是巴基斯坦式的，与大殿造型不同。前殿北侧建有碑廊，西头立五块石碑，其中四块汉文，一块波斯文。东头陈放墓碑19块。

○始建于明末○

天 主 堂

◎天主堂，始建于明末，后几经重新修造。该教堂现保存完好，系意大利耶稣会神甫马丁浩·马丁尼（即卫匡国）于清顺治十六年（1659）在浙江巡抚佟国器的赞助下建造的，整幢建筑物按照西方建筑形式动工建设，为当时中国最宏伟华丽的教堂之一，也是杭州规模最大的天主教堂。有人称赞曰"堂规制宏丽，一遵西洋度量，精致万状，绘画奇巧，不可言尽。"天主堂用途后几经改变，但基本保持原貌。

◎建筑现状◎

◎天主堂，位于下城区中山北路415号，现为浙江省重点文物保护单位。

卫匡国(1607－1661)，字济泰，意大利人，原名Martinus Martini。明清之际来华的耶稣会传教士，是一位颇具国际影响的汉学家、历史学家和地理学家。他于明崇祯十六年(1643)来到中国，先后辗转于浙江兰溪、杭州、绍兴、桐庐、宁波，上海，南京，福建，广东，山西，北京等地传教。清顺治七年(1650)，奉令回国，向教皇和红衣主教报告在华教务情况。顺治十五年(1658)，离开罗马，再度来华传教。在华期间，他悉心研究中国文化，曾著《中国历史》10卷、《鞑靼战史》，把中国的历史和文化介绍给欧洲。又用科学方法绘撰了《中国新地图册》、《世界新地图》、《中国新地图》等著作，被誉为“中国地理学之父”。同时，卫匡国也把欧洲的先进科学知识传播给中国，并组织了第一批中国学生赴欧留学。他还按西方的“造作制度”，建造当时中国最宏伟的天主教堂(今杭州市中山路天主教堂)，为中西科学文化的交流作出了贡献。

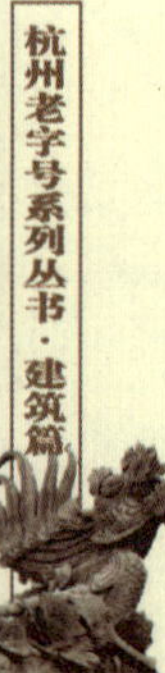

◎资料链接◎

◎教堂曾于1692年和1912年两次遭火焚，1691年和1730年因清朝“禁教”两次被改为寺庙，1862年和1966年两次改作他用，1876年和1916年两次扩建。

◎建筑结构及特色◎

教堂占地面积996平方米，建筑面积594平方米，平面布局为拉丁十字式，硬山屋顶，山形山墙，蓝白色基调，坐西朝东，空间敞朗。进入大门，为一庭院，有百年古樟。教堂主楼有一大拱门、二小拱门，门楣上有大型石膏山花浮雕装饰，中间有圣母玛利亚雕塑一尊，人字尖顶上有十字架一个。整幢建筑结构布局左右对称，门窗皆为拱券形嵌彩色玻璃，楼内有18根欧洲古典主义式样的多利克柱，上有柱花，天花用石膏线脚装饰。

天主堂现为杭州市文物保护单位，仍作教堂使用。

◎链　接◎

卫匡国墓位于杭州市郊留下镇老东岳桃源岭大方井。

清顺治十八年(1661)六月，卫匡国在杭病逝，葬于留下老东岳大方井天主教司铎公墓。原墓为正方形，深广各二丈，高出地面丈许，人地凡六级。顶作环弧式，凡三列，中较大，环置矶，陈骨瓮，其中一瓮置卫匡国遗骸。墓于乾隆元年(1736)重修，墓窟正中石碑曰“天主圣教公坟”。后墓毁，现墓是1985年在原墓址上重建的。墓依桃源岭麓，座东朝西，墓室呈长方形，条石垒砌，拱券形墓顶上竖“十字架”。墓前有轻巧朴实的照壁和高耸华丽的石牌坊，体现中西合璧风格。墓地群峰环绕，古樟翠柏映衬，方井古亭遗址依稀可见，环境肃穆庄重。

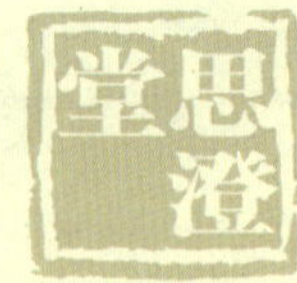
思澄堂

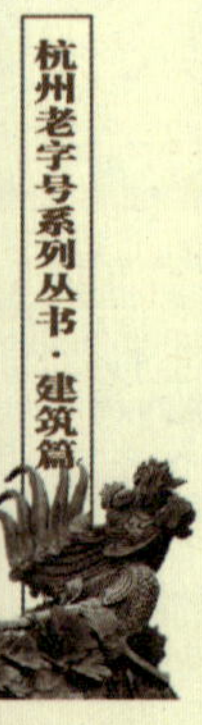

◎建筑现状◎

◎思澄堂位于上城区解放路132号，丰乐桥的东北角。

○改建于中华民国十三年（1924）○

思澄堂

◎思澄堂为砖木结构三层呈十字形建筑，清水砖墙，挑檐屋顶，木饰精美，具有西方基督教会建筑特点和中国民族特色。为纪念第一任华人牧师张澄斋，故取名为思澄堂。它是杭州基督教最早最大的一座教堂，原宗教派别背景为美国北长老会。1868年，由华人牧师张澄斋在皮市巷长老公会设讲道堂，即思澄堂的前身。1871年，教会购得丰乐桥畔关姓房屋一所共四进，后三进改造成洋房作为牧师住宅，前面平厅改为礼拜堂。后教徒增加，再建新堂，于1924年动工，1927年建成，共耗资大洋6万余元，并于1930年基督复活节首次使用新堂。

资料链接·思澄堂

◎思澄堂的教士传教历史可以追溯到清咸丰八年（1858），当时美国北长老会（传入杭州最早的基督教新教派）的中国传教士张澄斋、金麟友与信徒龚坤茂、王孝丰从宁波来杭布道数月后，英、美、法三国与我国发生冲突，传教士离杭返甬，宣教

思澄堂后曾多次挪作他用，直至1981年复堂，恢复礼拜活动。现经常参加礼拜的教徒计约五千人。除主日崇拜外，每个礼拜尚有青年聚会、讲经祷告会、学道班以及圣歌团练唱等。为方便海外基督教徒过宗教生活，每主日上午礼拜结束后还有“英文礼拜”，由在杭外国专家、留学生等参加。思澄堂还经常为信徒举行结婚礼拜、追思礼拜等。并于每年7月份举行洗礼（浸礼）。

迄今，在思澄堂的东南角尚有“万世磐石”汉白玉基座石碑一块，嵌于青砖墙体之中，默默地见证着思澄堂的历史。占地面积1100平方米、建筑面积3000平方米的整幢建筑已修缮一新，成为教徒的活动场所，也是基督教两会办公所在地和浙江神学院的所在。

思澄堂已经过七十多年的风风雨雨，迄今完好无损，仍然发挥很大的

事业因而停顿。同治三年（1864），美传教士葛宁与张澄斋由宁波来杭，租皮市巷五开间楼厅作为教堂，有信徒40人，推举张澄斋为牧师，并在皮市巷堂举行了按牧典礼，张遂成为第一任牧师。1872年，美传教士来恩赐来杭，与张澄斋购得丰乐桥直街三官巷口三开间大厅，作为礼堂及牧师住宅。至1921年由于信徒人数增加，众议再建新堂。张家为纪念其祖张澄斋牧师，有意建造一拜堂。当时张澄斋的儿子张宝庆医生带头奉献一万银元，又募捐五万银元，共六万元，于1924年动工在现址建造具有中国传统建筑风格的新堂，1927年建成。起名“思澄堂”以纪念张澄斋牧师。

作用，不仅成为中外基督徒聚会场所，也成为中外基督教交流中心。它对研究杭州基督教历史及中国教堂风格，提供了很有价值的实物。最近有关部门已将其列为文物保护对象。

◎建筑结构及特色◎

思澄堂是一座三层的砖木对称结构建筑，平面为十字架形状，从高处俯瞰，如一个横卧的巨大的十字架。外墙用表砖实叠，梁柱为进口洋松木，二楼、三楼的地面用木板铺垫。走进教堂内，一阵松木清香飘来，给人一种清新之感。坐在二、三楼任何一角都能看到讲台，视角非常好。屋檐翘角以及门窗很有中国特色，这种建筑风格在中国教堂中是很少见的。1927年建成的思澄堂原有的一座钟楼，后因解放路拓宽被拆除。

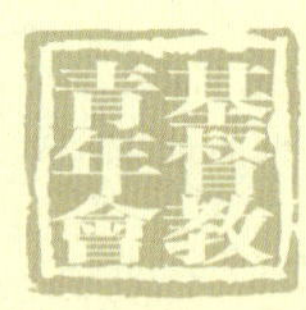

○创建于中华民国八年（1919）○

杭州基督教青年会

◎每当路过上城区青年路与国货路的交叉口时，就会被一幢拱形门窗、楼为坡顶、绛红色四层的西洋式建筑和一座气势雄伟的青砖实叠钟楼夺去眼目，驻足再三。

◎建筑现状◎

◎杭州基督教青年会会所位于青年路27号，是杭州现存不多的优秀近代建筑之一，为浙江省文物保护单位。

上图便是闻名遐迩的杭州基督教青年会。1911年春，美国鲍乃德干事来杭筹备青年会，1914年正式开张。其时，官方指拨旧旗营地13.5亩，为新建会所之基地，并由金溶仲先生和观成堂助款建筑四周围墙。

至1919年，青年路新会所建成，占地九千多平方米，三层半大楼，总面积达两千平方米，楼上有屋顶花园。会所内设接待室、演说厅、游戏室、事务室、阅览室，以及食堂、宿舍、理发室、浴室等。共耗建筑费用十万余元，悉由北美基督教青年会协会捐助。新会所富丽豪华，引人注目，是杭州城内的一处标志性建筑。

YMCA
中学生口语班 初中英语补习班 剑桥少儿英语
少儿英语乐园 水粉画 儿童画
少儿舞蹈班 星期日托班
业余学校
招待所
住宿

◎**青年路** 南起开元路东段，北至解放路。清为旗营东墙基，民国时拆营墙建路，名杭县路。后因路西侧有基督教青年会，改名青年路。

1919年下半年，上海商务印书馆和地方人士又募捐集资万余元，建造钟水塔，即今之钟楼。既为杭州部分居民增添报时大钟，也打算在钟楼最高层用作储水池，为会所内外供给自来水。后在操场掘井深至六十余尺，但因水源不多且水味苦涩而作罢。

钟楼在会所东南部，是杭州现存惟一的民国时期钟楼，楼内铁质大钟重达1.2吨，由美国波斯顿公司铸造，杭州亨得利钟表店安装，钟楼高耸，钟声响亮，为其时杭州惟一的能四面看到的标准报时大钟。

70年后的1988年，青年会会所“容颜”已衰，亟待“美容”，市政府为此拨专款约三十万元，经一年多时间，“修旧如旧”地完成了会所的整修。同时，在新闻舆论的推动下，闲置二十多年的钟楼大钟再度以洪亮的钟声向市民报时，轰动一时。

龔自珍紀念館

○修复于1989年5月○

龚自珍纪念馆

◎龚自珍纪念馆坐落于上城区马坡巷16号，马坡巷乃定庵先生出生之地。其后，龚氏举家迁居上海，宅遂归他姓所有。由于社会变革，世事沧桑，年久失修，破损不堪。

◎1987年5月，在已故全国政协副主席钱昌照等14位教授、学者联名倡议下，为缅怀先贤、教育后人，有关部门决定将马坡巷内的"小米园"按龚氏旧居原貌修复。并于1988年8月25日动工，翌年5月10日竣工，耗资50万元。

◎修复后的龚自珍纪念馆总面积为686平方米，建筑面积498平方米，基本上恢复原貌。

◎建筑现状◎

◎龚自珍纪念馆位于上城区马坡巷16号，现为杭州市文物保护单位。

◎建筑结构及特色◎

这是一座江南园林与古宅民居合二为一的宅园。走近宅园，首先映入眼帘的是醒目的黑瓦白墙，园中各色各样的景和色，都被包含于由黑和白这两种“极色”所构成的围墙之内。跨进精致的门楼，绕过静静的照壁，眼前豁然开朗：小桥流水，松竹梅兰，池塘春草……一股淡雅肃静的气息弥漫周遭，心境随之恬静清和起来。

庭院正对着的是一幢砖木结构五开间的两层楼屋，其梁柱、花墩拱、垂花柱、挂落、花镂格等木构件细部装饰及色彩都保持了原有建筑的式样风格。楼屋飞檐翘角，正面平作构栏，花棱落地门窗，空间通透开敞，保持了古朴典雅的明清风格。

故居楼下厅堂轩敞，青砖铺地，花格门窗，透光漏影；楼上木门木窗木地板，冬暖夏凉，窗外景色，一览无遗。

就是这座书香世家、官宦宅第与旧式庭院兼备，充满了士大夫气息的宅园，孕育了清代著名文字学家段玉裁的外孙、一代人物龚自珍。龚自珍著名的《己亥杂诗》315首的一部分，就是他48岁那年辞去京官回归故里后，在马坡巷里写成的。当时，他为杭州紫阳书院讲席。

◎链　接◎

◎龚自珍◎

■龚自珍(1792—1841)，字瑟人，号定庵，浙江仁和(今杭州)人。出身于官僚文士家庭，27岁中举，38岁中进士；由内阁中书官至礼部祠祭司行走、主客司主事，“一生困厄下僚”。48岁辞官南归，50岁暴卒于江苏丹阳云阳书院。龚自珍是我国19世纪上半叶(嘉、道时期)一位杰出的思想家和文学家。他的思想带有极大的叛逆性，文学极富于创造性。

建筑篇

OLD-LINE BUILDING

◎消失的建筑◎

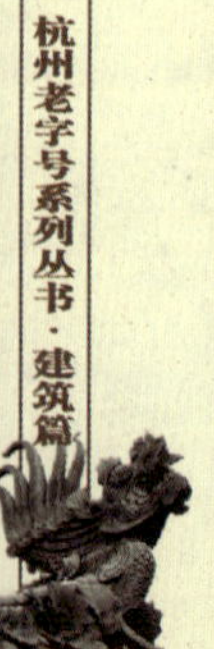

◎建于中华民国二十五年（1936）◎

东南日报馆

◎东南日报馆，旧址位于庆春路600号，现众安桥金融大厦所在地。

◎消失时间◎

◎东南日报馆，旧址位于庆春路600号。1992年11月，庆春路扩建，这座大楼全部被拆平。

《东南日报》前身为1927年创办的《杭州民国日报》（馆址在开元路幽冀会馆），主任编辑为共产党员杨贤江。不久国民党“清党”，杨贤江逃亡，报纸易人。1934年6月改名为《东南日报》，成立东南日报股份有限公司，由陈果夫任董事长，陈立夫任监事，胡健中任常务董事兼社长。1936年2月，在众安桥畔动工兴建新馆——东南日报馆。新大厦的设计由德国工程师苏尔制定，定为钢筋水泥3层楼馆一座，占地两亩左右，一层为营业部及印刷工场，二层为编辑部及排字制版等工场，三层为大会堂，用于演讲集会及电影戏剧表演等。另建平房若干作为职工宿舍。全部建筑加设备等估价为10万银元。10万银元是个大数目，筹措不易。社长胡健中充分发挥了他那“长袖善舞”的本领，公关化缘，哭穷要钱，各方集资，最后新大厦共耗资达16.3万元，大大超过了预算。

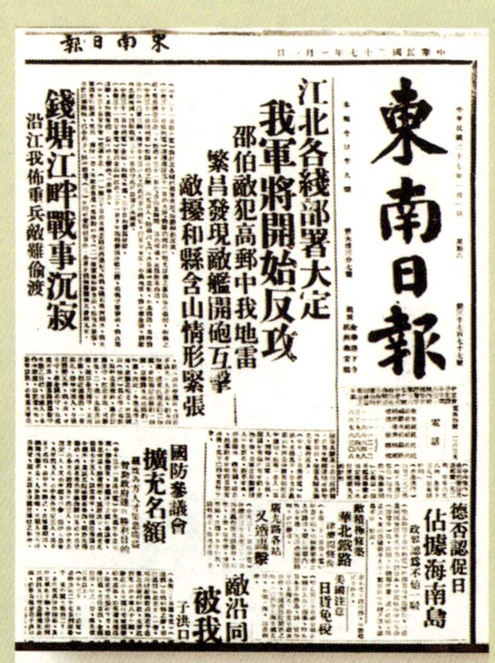
東南日報 中華民國二十七年一月一日

東南日報

江北各綫部署大定
我軍將開始反攻
邵伯敵犯高郵中我地雷
繁昌發現敵艦開砲互擊
敵擾和縣含山情形緊張

錢塘江畔戰事沉寂
沿江我佈重兵敵難偷渡

國防參議會
擴充名額

德否認促日
佔據海南島

華北鐵路

美國注意
日貨免稅

敵沿同

被我

報社大楼施工期间，胡健中常在接待来杭游玩的“党国大员”时，有意让他们参观大楼工程。1936年11月大楼竣工，编辑、印刷、营业、行政各部门所需无不具备，三楼700个座位之大礼堂，可供盛大集会及作各种社会活动之用.左首之俱乐部，则以之作社会活动并供职工公余休憩之需，也可举行宴会用。报社各部门于同年底和次年初先后迁入办公。时值隆冬，报社大楼内暖气开放，室内温暖如春。而在老社址幽冀会馆，此时正是北风倒灌之时。

1937年2月1日，大厦三楼大会堂举行新厦落成典礼，陈果夫亲临主持。众安桥畔车水马龙，盛况空前。会后举行盛大宴会。当日的《东南日报》还特意发表社论，题为《本报之今后》。

胡健中当时也在《东南日报小史》一文中说：“自二十五年二月起，自建馆于杭州众安桥，历时十一月，始竣工。屋凡四层，办公、营业、工场、职工宿舍各部具备。屋之第三层为一大会堂，亦即一近代化之小剧场，全部造价设备各费约共十八万元。此外杭州作者协会与新闻记者公会均附建于屋之前后，同告完成。”新厦还成了国内游客来杭游玩参观的一个项目。它不仅为《申报》、《新闻报》、《大公报》的报厦所不及，就连南京国民党的《中央日报》的新厦也为之逊色，是当时全国同业之首。胡健中也一跃而成“报业巨子”。

日军侵占杭州后，东南日报大楼即被日本宪兵作为司令部。日军为关押审讯抗日爱国人士，把报社原用以烧锅炉和堆放燃料的地下室灌满水，充作水牢，关押重犯，把报社的印机房和纸库充作监狱。抗日战争胜利后，大家都亲眼看到了在地下室和监狱的四周墙壁上有斑斑血迹和抗日爱国志士的诗词。报社为了保留这一日军罪行和爱国人士的情操，曾逐一记录这些抗日爱国诗词，并请照相馆来拍摄照片，归案存档。

杭州解放以后，《东南日报》大楼由军管会接收，创办了中共浙江省委机关报《浙江日报》，后来成为浙江电视台办公楼。

◎链　接◎

■胡健中，原名经亚，字絜若，笔名蘅子。原籍安徽和县，寄籍浙江余杭（今属杭州市）。民国16年（1927）毕业于上海复旦大学新闻系。翌年起任《杭州民国日报》总编辑。民国二十三年（1934）6月起主持杭州《东南日报》，成立东南日报股份有限公司，任常务董事兼该报社长。以民间报纸姿态，为国民党作宣传。由于办报有方，声名渐著，被当时新闻界誉为“南北二胡”（北为《大公报》的胡政之）。抗日战争全面爆发后，胡健中继续在浙江金华、丽水、云和等地主持报纸工作。民国三十二年（1943）秋到重庆接任《中央日报》总社社长，兼任《东南日报》社长。民国三十五年（1946）夏辞去《中央日报》职，来上海创办上海《东南日报》，成立东南新闻事业股份有限公司，任常务理事、总经理兼社长。1949年4月携妻去台湾，曾任《中央日报》发行人、社长，中央电影公司董事长。1993年9月26日逝世于台湾。

韶華巷

○创建于清末民初○

韶 华 巷

◎韶华巷，历史上因宋朝的武义大夫曹勋曾经在此地块建有曹家花园，故被后世称为韶华，与“曹花”谐音。

◎建筑现状◎

◎杭州的大塔儿巷已被拆了，如今，韶华巷——杭州这条最后的“雨巷”，杭州罕见的20世纪“白领公寓群”也部分被拆了。韶华巷，韶华已逝。

韶华巷长222米，居住着407户，共1245人，里弄街坊特色鲜明，是南山路边上一个难得的老巷区。因为这里一直是块“风水宝地”——左傍城区，右临西湖，所以从清末到民国，陆陆续续地建了不少风格各异的房子，有清末民初的传统民宅如诚信堂、113号、27号等；有20世纪30年代的欧式石库门里弄房子如45号、46号、54号、55号、56号等；有里里外外都仿西洋建筑的小洋楼如澄心堂、安眉别墅等。如今，这些打上杭州不同年代烙印的民宅，破落中更显寂寞，寂寞中更见破旧。

其实，当初的韶华巷是杭城一流、别具风韵的住宅区。韶华巷人或许大多都不清楚房子的第一代主人是谁，而在墙角的“诚信堂界”石碑，却是历史永远的见证。

这里曾经是杭州老城墙根，著名的水城门“涌金门”也在这里。20世纪20年代初，房地产商拆除老城墙后建造了单体别墅和公寓式的“石库门”。很多银行职员、公务员、公司老板搬了进去，韶华巷成了杭州最早的白领公寓群之一。

浓郁的桂花树，青苔历历的韶华巷。住过韶华巷的人，都对她无法割舍。杭州最后的雨巷在哪里？杭州诗人戴望舒，除了惦念他诗中雨巷“大塔儿巷”外，一定会遥指城南的“韶华巷”。

○改建于中华民国元年（1912）○

湖滨骑楼

◎眼前照片上这座被称作“骑楼”的建筑，源于外国，流行于岭南，原先在杭州是比较少见的。而从湖滨一公园至三公园对面这排长长悠悠的骑楼，却有它特殊的来历。

◎建筑现状◎

◎弹指一挥间，九十余年过去了，湖滨濒湖的这条特色商业一条街已被修饰一新，成为现代与时尚的聚集地，而其特有的骑楼建筑，也已在日新月异的变迁中改建了。

骑楼属敞廊式商业建筑，本是外来建筑形式，一般是指有拱廊的走道，两旁常设商店。它最早出现于古希腊的城市市场，这与当时商业的发达以及气候的炎热有关。敞廊在功能上为购物者提供了遮阳避雨的良好步行环境，适应了商业的需要。敞廊也为建筑师提供了施展才能的用武之地，同时也丰富了城市景观，增加了城市的特色。

自1840年鸦片战争之后，西风东渐，外国建筑的形式伴随着新技术、新材料、新结构传入中国，骑楼亦应运而生，并首先风靡广州，进而辐射至广东、广西、福建、贵州、海南等亚热带炎热多雨地区，成为当时商业街市的标志性建筑。

杭州自民国成立后，1912年拆除了旗营，改建为新市场，主其事者为国民党元老、浙江省民政厅长褚辅成。他将旗营原先的土地规划建设成为宽阔平坦、纵横交错的主干道与次干道。在沿湖建筑了六个公园，但在湖滨路建筑完成之时，因测量错误，致使沿路土地业主的土地面积普遍不足，新业主吃了亏。所以，褚辅成乃特准建屋时，可以加盖骑楼，以补偿土地面积之不足。于是，业主们纷纷仿效岭南风格，建起了这排近两百米长的骑楼。

如此“无意插柳”，却“歪打正着”，为杭州留下了当时惟一有骑楼的马路，为后人留下了可以望湖购物的佳处，这亦是杭州有骑楼之开端。

新绿
村楊

○创建于20世纪30年代○

绿杨新村

◎20世纪30年代至40年代之间，当时的“白领”阶层已对石库门弄堂的居住设施和环境颇不满足了。于是对弄堂住宅提出了新的要求，这样，就出现了一批新式弄堂住宅。绿杨新村就是杭州为数不多的新式弄堂之一。

◎绿杨新村位于上城区南山路涌金门，于2001年拆除，今已不存。

绿杨新村修建于1936年，投资商在紧邻西湖的涌金门这块黄金宝地上，购置了三幅分别为0.526亩、0.844亩、0.456亩的土地，请上海营造商设计建造了三排房屋，分为绿杨新村一弄、二弄、三弄，建筑面积达2045.36平方米，共82间房，若干单元。当时的门牌为南山路49号。

作为弄堂的新秀，绿杨新村在当时来说完全是采用新形式、新风格、新技术、新材料、新设备。砖木结构改成了钢筋混凝土结构，高标号水泥砖墙代替了常见的清水砖墙。传统的石库门大都不用了，而改为矮墙及铁栅门，封闭的天井改成了小花园。钢制门窗，大幅玻璃，高档地板，新式卫生设施大量使用。

绿杨新村这种新式弄堂，除了仍具备户户毗连、联排而居这一弄堂的基本特征之外，几乎与现代化的住宅没有什么大的差别了。这里环境安宁，设备齐全，弄道宽敞。房屋外观形式模仿西班牙式，棱角分明，凹凸有致，较少装饰。平面结构为主房朝南，单开间三层，前后有门，上下有阳台。当时，绿杨新村算是典型的“高尚住宅”。

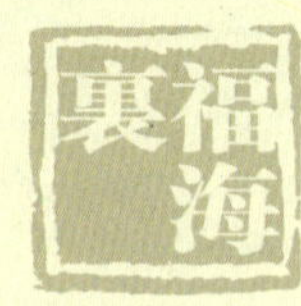
福海裏

◎建筑现状◎

◎福海里位于拱墅区拱宸桥东大马路，也即杭州路与温州路之间，今已不存。

○建于清朝末年○

福 海 里

◎1895年中日《马关条约》规定辟杭州等地为通商口岸，致使杭州城北拱宸桥一带沦为日本独霸的通商场和日租界。日租界即今浙江麻纺厂地址，在其南面，陆续建造了许多类似于上海石库门里弄的坊巷，共5排7列35个单元。福海里就是其中主要的石库门弄堂建筑。

◎建筑结构及特色◎

福海里属老式石库门弄堂，临杭州路有一青砖过街门楼，门框横楣处有“福海里”三个浮雕大字。走进门楼，内里又分若干纵横支弄，抬眼望去，那威武高耸的山墙，花式铸铁的栅窗，斑驳黑漆的大门，皱皮打裥的老墙，衬映着朝霞和余晖，无论从哪一个角度看，都是一幅幅美妙绝伦的画面。

福海里基本上以每户两开间两层为一单元，左右并列成一排，又称毗连式。内有小天井，楼下正中的一间是客堂，客堂前为6－8扇落地长窗，东西为厢房。后面是称作灶披间的厨房，上面是一间小小的亭子间。一式的空间布局，一律的砖木结构。居住在石库门里的人们如同一家，有一种亲近感，有一种温馨的家园氛围。

粮道山7號

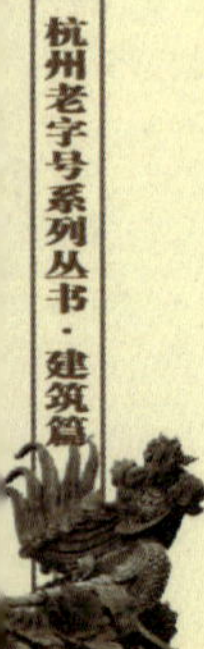

◎建于清末民初◎

粮道山7号

◎粮道山7号为一座真山真水的西湖私家园林，它有别于苏州园林的假山假水，而是汲山林之真气，取水泉之拳质，特立独行于湖上，却又“闭关自守”，鲜为人知。

◎建筑现状◎

◎一代名园，今已不存。其址即现吴山广场“吴山天风”4字石刻处，山上仍有三层太湖石假山遗踪和若干古树名木可寻可访。

◎建筑结构及特色◎

粮道山7号原为粮道山3号，占地面积6.250亩，粉墙黑瓦围护的院子里，依山取势、由低往高辟有四层平台，每层平台有建筑物若干，全院上下共有中西式楼房平屋7幢，房间60余间，建筑面积1766.96平方米。粮道山7号的园子和房屋陆续建于清末民初，直至20世纪30年代初才告竣。此园的特色可圈可点，可评可估。

其一，山地园林的特色鲜明。园中四层梯级平台逐层往上递进，巧妙利用山石、溪流、树木来构筑园林和建筑，自然和谐，与山体浑然相融。每层平台上建筑与园林的搭配比例适宜，尺度得当。

其二，建筑错落有致，分门别类。每幢房子楼下和楼 上的入口朝向位置不同，极具匠心。需要借助山径、通道、楼梯等各种方式进门入室，饶有“曲径通幽”、“豁然开朗”的意趣。

其三，园林精致自然，真假一体。此园建于山上，原本吴山多石，瘦漏透绉是其本色。造园者又巧为安排，妙为利用，叠山理水，栽花种草，把个自然山水与人工布置结合得天衣无缝，令人叹为观止。20世纪50年代，杭州市的许多公园修建时，从粮道山7号搬迁出去的假山石笋不下10车。

其四，园林建筑齐全，建筑材料高档。园中有亭台楼阁翼然，有小桥流水悄然；一进大门，左右为两间厢房夹道，设有美人靠的雨廊引人至庭园深处而免日晒雨淋之苦。园之中央有一硕大花厅，四周皆廊，可观山色，可眺湖光，闹中取静，真是至尊享受。

花厅四周林木葱郁，楼台掩映，沿着鹅卵石铺就的花径能通达各幢建筑物。粮道山7号园子外观朴素，内中华美，实为杭城难得之私家园林。

此园主人众说纷纭，有说是上海滩闻人黄金荣的西湖别墅；有说是原浙江交涉使王丰镐的山地别墅；有说是国民党军统的一处据点……但可以肯定的是，解放前夕的业主是中联绸布公司老板郦成潮、郦成华兄弟。解放后，一度是浙江军区文工团的驻地。后来业主以时价人民币2亿9千万元转让给省级机关使用，作为干部宿舍。

话说粮道山

◎粮道山原为宋代官府专管一省或数省漕运的机构——粮道署的所在地，故名。此地为吴山之一支，突出于山北，延伸至闹市，是离湖滨地区最近的山地。站立于此，纵横八极，颇有“八百里湖山知是何年图画，十万家烟火尽归此处楼台”的气势。

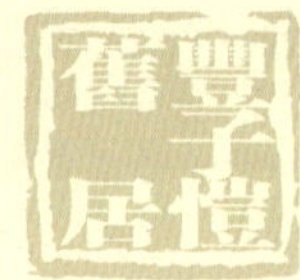
豐子愷舊居

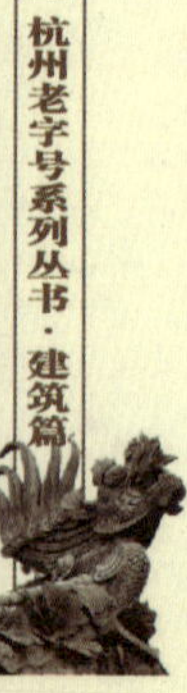

◎建筑现状◎

◎丰子恺旧居位于杭州市下城区凤起路皇亲巷9号，现已不存。

○建于清末民初○

丰子恺旧居

◎这幢雅号“肖圃”的房子位于杭州市下城区凤起路皇亲巷9号，是著名文人丰子恺的旧居。

"江南忆，最忆是杭州。""我于西湖，可谓第二故乡。幼时求学于此，中年卜居于此，胜利后复无家可归，即僦居于此。先后凡十余年矣。"这段"自白"，是子恺先生1948年在西湖写下的，字里行间透出先生对西湖的眷恋之情。而皇亲巷9号，就是丰子恺"中年卜居于此"的一处寓所。这一时期，光是他在西湖居所撰写的有关西湖的篇章，就有《钱江看潮记》、《半篇莫干山记》、《山中避雨》、《西湖船》等，图文并茂，佳作迭出。

◎丰子恺(1898～1975)，浙江桐乡人。名仁，又名婴行。自幼爱好美术。1914年进浙江省立第一师范学校，从李叔同学习绘画、音乐，1919年毕业。1921年赴日学习音乐和美术。回国后，曾任上海开明书店编辑，上海大学、复旦大学、浙江大学美术教授。

◎建筑结构及特色◎

这一座砖木结构的假三层三开间中式别墅，具有江浙沪一带传统民居的典型风格：粉墙黛瓦，庭院天井，铺着石板，种着花草，还有一口沧桑老井……先不说蔷薇花儿爬上墙、探进窗，掩映着小小的墙门。也不说透过围墙，可望见二楼红色木玻璃窗半掩半开，露着诗情画意。单说那假三层的“老虎窗”，便是江南传统民居的典型风格。老大面积屋顶有了起伏突出的变化，增加了视觉美感。

传统的民宅往往给人庭院深深的感觉，住在里面的人看不到外面，外面的人也看不到里面。如果说一篇好的文章有一个“文眼”的话，这幢房子的“老虎窗”就是一只可以观察世界的“眼睛”。想必丰子恺本人对这只“眼睛”也十分得意。

有人曾考证过陆游的“小楼一夜听春雨，深巷明朝卖杏花”是在杭城的孩儿巷一幢小楼中写的，当然现在已找不到陆游当年的小楼。但看了丰子恺旧居，使人会联想起诗人的小楼。建筑大师贝聿铭要陈从周先生陪着去小巷寻找“一枝红杏出墙来”的旧式小楼，也许就是皇亲巷9号这种老屋。杭州是著名的历史文化名城，将这样的房子保留下来，无论从文化、建筑艺术或是民俗等等方面来审视，都不失为一种传统美学的积累。然而十分可惜，这座房子和这口老井已经不在人间了。我们只能对着照片，怀念它昔日的倩影。

后　　记

“水光潋滟晴方好，山色空濛雨亦奇。”

杭州人杰地灵，物阜民丰，古往今来，不知有多少英雄豪杰、名流大家、商贾巨富“未能抛得杭州去，一半勾留是此湖”。年数一长，颇多掌故逸闻，令人梦寻。

今天的杭州正在进行着大规模的城市建设，当一条条通衢大道纵横交织，一座座摩天大楼鳞次栉比，一个个亮丽的街区星罗棋布之时，人们亦逐渐开始关注那些历经沧桑的老字号了，不仅仅是因为它们异彩纷呈的建筑特色，更主要的还是其丰富的历史文化内涵。的确，当我们对一个个老字号的来龙去脉、物是人非有所知晓后，那些普通的砖瓦石块、钢筋木料是否仍像先前那样的冰冷和无情呢？

故此，近年来，我们利用“创文化名城，建经济强市”的有利时机，在各级领导和社会各界群众的关心支持下，全力以赴，加快节奏，有目的地对杭州老字号中的历史文化建筑、古巷旧街老店作了系统、全面、深入的调查、采访、摄影，并加以汇集整理，以期填补这方面研究的缺憾和空白。由于这些老字号在建成至今的漫长岁月中，几易其名，几易其主，几易其容，为统一起见，均按其建造时的用途分别归类，均使用其最初或最常见的名称。同时，在文中大量选配了这些老字号的照片，以期达到图文并茂、一目了然的

“图说”效果。

在此过程中，曾得到各方人士的大力支持和帮助，衷心感谢中共浙江省委常委、中共杭州市委书记、市人大常委会主任王国平同志为本书作了热情洋溢的序言；感谢杭州市政协原副主席马时雍和杭州市贸易局原局长吴德隆、杭州老字号企业协会秘书长丁惠敏女士及路峰、陈婉丽、张中强、戴伟领、徐敏等同志反复校勘、排版，为本书生色；感谢关心本书和为本书出力、流汗的所有朋友。

杭州文化博大精深，老字号文化仅是其中之一角，本书所述也仅是杭州老字号之一角，难免挂一漏万、顾此失彼，祈请行家和读者见谅。

仲向平

2008年1月

○杭州老字号系列丛书○

编　后　记

《杭州老字号系列丛书》在市政府以及社会各界人士的关心和支持下，历时两年余，终于编辑完成。

在这两年多时间里，《杭州老字号丛书编委会》编辑部人员也随着杭州老字号事业的振兴而共同成长，也深深地感受到了杭州老字号自强不息、奋力拼搏的激情和精神。现在的杭州老字号，它们都经历过历史岁月的洗礼，特别是在全球经济一体化的今天，杭州一些老字号取得了巨大的成功，它们雄风依旧，蜚声四海，还有很多老字号在新的经济形势下，调整整合，取得了良好的经营业绩和奋发向上的态势，我们看到了杭州老字号在改革开放中发生的历史性变化。

这套丛书的编辑出版，它的历史意义是在于对杭州老字号的历史脉络进行较为系统的梳理，得以对以往岁月中发生的人和事，有一个具体形象的描述；发掘鲜为人知的故事和珍贵的历史老照片，使读者有个全面的了解。它的现实意义就是

对弘扬民族品牌，促进经济发展和保护百年金字招牌，传承和保护非物质文化遗产，等等，会起着积极的作用，并且用图文并茂的形式留住杭州老字号物质和精神的财富以及它们的非物质文化遗产。

《杭州老字号系列丛书》共分六个篇章，对杭州老字号作了详细、客观的系统介绍。

在编写这套丛书的两年多时间里，我们看到杭州市人民政府为杭州老字号的振兴和发展提供了一个很好的环境，杭州老字号也在这个环境中茁壮成长，这也是杭州市委、杭州市政府打造“历史文化名城”战略的其中之部分，杭州市政府出台了一系列振兴老字号的政策和举措，在全国率先推出《杭州市中山中路历史街区的保护规划》，为全面恢复保护杭州老字号和传统行业进行了法律形式的保护，各项振兴老字号的政策正在执行之中，并正在建立国家级的刀剪、扇业、伞业博物馆，2007年又在全国省会城市中第一个成立了“杭州市振兴老字号工作协调小组”，对杭州老字号事业的振兴和发展有了统一的认识和具体的领导，这也使杭州老字号坐上了开往春天的地铁。杭州老字号在国家商务部认定的首批“中华老字号”称号单位中的数量也是全国名列前茅。

杭州老字号企业协会为杭州市老字号的振兴和发展付出的巨大心血和努力。

杭州老字号企业协会是全国最早成立的老字号协会，协会成立以来以高度的历史使命感，不断地推动老字号事业的振兴，使杭州老字号工作走在全国的前列，被国家商务部评为全国中华老字号工作先进单位，一年一度的“中国中华老字号精品博览会”，为全国老字号搭建了展示百年风采的大舞台，年年有特色，届届有精彩，成为全国老字号的盛会。在2007年又帮助杭州中华老字号以崭新的姿态，参加日本东京“浙江省中华老字号日本展”，首开老字号走出国门之先河，面向国际展示了中国百年品牌的魅力；抢救杭州老字号的非物质文化遗产，宣传保护振兴老字号事业，为做大做强杭州老字号事业付出了艰辛的努力，也获得了卓越的成效。

改革开放30年以来，中国发生了历史性的巨变，杭州老字号的发展迎来了春天，杭州老字号也更积极地融入到了中华民族伟大复兴的滔滔洪流之中。

在本套丛书出版之际，我们衷心感谢中共浙江省委常委、中共杭州市委书记王国平同志在百忙之中为《杭州老字号系列丛书》作序，并深深地表达了他眷爱杭州、建设杭州之心；感谢世界著名历史地理学家陈桥驿教授为此书写的智慧之语，也感谢胡庆余堂、民生药业、方回春堂等中华老字号的帮助和支持；感谢为

此套丛书提供大量宝贵的历史史料和鲜为人知的历史照片、图片的老字号单位和个人；感谢作者赵大川、仲向平和宋宪章先生为了编写此书的不辞辛苦和无私奉献；感谢各学科的专家学者对丛书出版提供的知识支持；感谢浙江大学出版社的支持。

在《杭州老字号系列丛书》的编辑过程中，也得到了像葛许国这样很多的热心朋友的关心，杭州老字号企业协会和杭州市贸易局从选题策划到编辑出版付出了巨大的心血。

杭州老字号作为杭州工商业的精华和代表，作为浙商的组成部分，作为杭州的城市名片，其悠久的历史，深厚的文化底蕴和诚信立业的经营理念，远不是这套丛书能够全面涵盖和叙述的，其中难免有不足之处，敬请读者赐教。

杭州老字号丛书编辑委员会

2008年3月16日

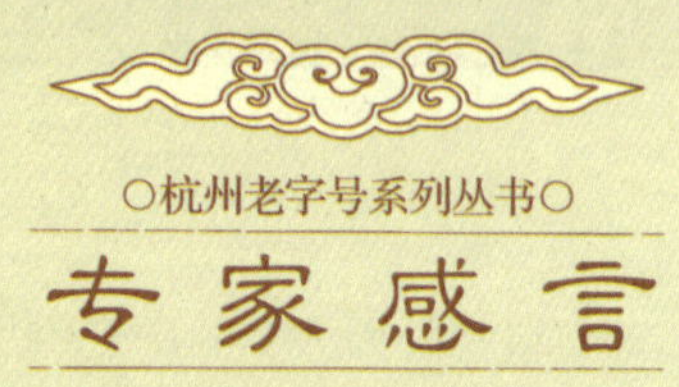

○杭州老字号系列丛书○

专家感言

在中国，一向“重农轻商”，视商为贱。改革开放以来，在市场经济中，由于道德规范的错位与失落，商业行为的混乱和欺诈，对从商经商，创新产品，开拓市场，利国利己的商海拼搏，还仍然在理念上降格、在品位上看低。为了在今天的社会转型期，尽早改变这种落后的、不合时宜的观念，浙江省老字号企业协会和杭州市老字号企业协会，在省、市经委和杭州市贸易局的领导与策划下，在会长冯根生、秘书长丁惠敏等的积极倡导与艰苦努力下，为继承与弘扬老字号企业的优良传统做了很多工作，特别在组建机构、发展事业、调研立法、举办论坛、精品展览、出版书刊和保护品牌等方面，取得重大的进展和突破。

以前，关于“老字号”的一些书，往往忽视和看轻人物的作用和成就，对于他们的贡献和影响，总是略而不提，或者语焉不详。由于我国的传统向来不注重事物的起源和来历，对它的创始者特别是那些名不见经传的无名氏和小人物，不是忽略不计，便是有意无意地归功于荒古不可知之人，或说“上苍的旨意” ，或说“神人、仙人的赐予”，或说“某种意外的巧合或突然的灵感”，等等。许多名、优、特产品，几乎都没有真正的创始者和发明人，人们要向他们学习和效法什么，也都不十分清楚。所以许多前辈先人的宝贵经验和知识积累，便在无形中被湮没和失传了，这是十分可惜的。

编印这套丛书的宗旨，是要抢救这一笔巨大的物质和精神的财富和遗产，让

它们永远在我们这一代人手中“定格”，让我们的后代子孙，一走进我们的“老字号”，便能懂得我们的先辈创业的维艰，守业的不易和拓展的困难，从而学到他们的精神品德，发扬而光大之。

这套丛书的主要特点是：“树人存史保传统，自主创新谋发展”。下面几点应引起我们的高度重视：

一是发掘和彰显创业者和掌门人的“以商兴民”、“以商兴国”的理想。商战是人生的大舞台之一，它最为惊心动魄，也最是波澜壮阔。在商战中也最能表现一个商人的思想、性格、谋略和才干，所以这套老字号丛书与众不同的最突出的特点，就是要表现商人的心灵世界和道德风尚。有不少资料表明，中华老字号之所以百年兴旺，长盛不衰，就因为创始者和掌门人善于驾驭风云变幻的商海竞争。这种竞争不仅出现在商家与商家、商家与家族内部，而且还出现在商家与达官贵人、商家与朝廷官府等极不相称的势力之中，甚至要与土匪、盗贼、兵痞、强人等这些不讲商家规则的势力反复斗争，与那些胆小怕事、见利忘义的胆小股东反复周旋，此外也要与商场中那些司空见惯的恶习譬如欺诈、蒙骗、以邻为壑、互设陷阱、大鱼

吕洪年 教授

1937年2月出生，浙江省新昌县人。现为浙江大学人文学院教授、浙江大学浙江省非物质文化遗产研究基地学术委员会副主任。并应聘任《中华老字号》杂志社学术指导委员、杭州市和浙江省非物质文化遗产保护工作专家库专家。先后出版论著5种、作品集6种。代表作有《江南口碑——从民间文学到民俗文化》、《万物之灵——中国崇拜文化考源》等。有评论称：“文献、考古、口碑互参互证，把口碑引入与考古、文献并列研究的范围，迈出了一条学术新路”。

吃小鱼等等展开既聪敏机智而又有弹性的斗争。一个商人如果不抱有爱国救民的理想，决不可能九死一生地坚持到底，一转念便可放弃这种担惊受怕的日子而“解甲归田”过起“采菊东篱下，悠然见南山”的怡然自得的田园生活来。所以一般老字号的领头人物，不是奇才便是精英。他们有的既是老板，又是慈善家。我们在编纂过程中，以人为本、发掘不同个性、不同经历、不同身世、不同成就的企业家，从而组成了一个前所未有的“人物长廊”，以激励千千万万的后继者。

二是发掘与弘扬儒商的“仁义”品格和“共赢共利” 的观念。中国的商人一般有点文化，不但能识字断文，有的还能赋诗作对，他们受儒家传统道德的教化和熏染，即使在激烈的商战中，也还遵循“过犹不及”和“穷寇勿追”的人生智慧、处世谋略和以“仁义”为代表的浓厚的传统道德意识。例如有的老板，在发迹之后，并不“一阔脸就变”，他们奉行“糟糠之妻不下堂”，对结发妻子的爱情始终不渝。有的老板始终充满仁爱情怀，奉行“滴水之恩涌泉相报”的信条，对自己手下的雇员和工人实行“以人为本”的管理思想；有的老板在竞争中想方设法一定要战胜对方，然后却不把对方逼上死路；有的老板奉行“不打不相识”的江湖义气，即使是自己的对手也能最终宽容大度而成为朋友和合伙人。总之，我们在发掘史料、把握人物特点时，深入他们的心灵，对他们所作所为的思想文化背景，入木三分地加以领会和把握，在文字和图片两方面相配合加以简洁而形象地表现。

三是发掘、弘扬与推广“以德经商”、“团结经商”的理念和作风。以德经商所包含的内容很丰富，但其中的核心思想仍然是中国传统的“勤劳致富，正道赚钱”。无论过去和今天，有多少人由于生活在穷乡僻壤，一时难以改变贫穷落后的面貌，便只好背井离乡，外出打工和经商，走南闯北，凭着自己的聪明才智和勤劳节俭，养家糊口，并日积月累，才慢慢地发家致富。所以过去的很多商人，并非在

左倾时代所称一概都是“奸商”，相反，他们中不乏诚实忠厚者，受过“仁义礼智信”的熏陶而具有一定的儒者气质。以德经商，还有一项重要的内容就是团结经商，特别注重同乡、同行、同业的团结互助，而不互相倾轧，力做“霸盘”。俗云：“一株独放不是春，万紫千红春满园”。个人的发展往往是与群体的发展密切相关的，中国商人注重危难时的互相扶持，更注重孤立与铲除害群之马。此外，以德经商还有一项重要内容就是“诚信经商”。过去在旧社会有句老话，就是“在家靠父母，出门靠朋友”，抱着“诚信为人，正道成事”的信念，才能在闯荡江湖时不受或少受挫折。所以成功的老板，往往都有健全的人格，不论遇到何种情况，即使身陷绝境，也都不会做出有损人格的行为。有许多资料表明，不论京商、晋商、闽商、徽商和杭帮、宁波帮，都有大仁、大义的典范人物，他们有的外形狂放而心地宽阔，而有的更重主仆之义和朋友之道，有过不少以“义”相待和以“诚”相待的动人故事。这些，都是我们这套丛书所重点展示而富有传统商业文化特色的内容。

我相信这套老字号系列丛书，一定会在继承与弘扬中华老字号优良传统、发展与创新新时期商业文化的过程中，起到积极的作用。

2008年1月　于浙江大学人文学院

图书在版编目（CIP）数据

杭州老字号系列丛书. 建筑篇 / 仲向平著. —杭州：浙江大学出版社，2007.7
ISBN 978-7-308-05360-0

I. 杭… II. 仲… III. ①工商企业—简介—杭州市②商店—建筑艺术—简介—杭州市
IV. F279.275.51 TU247

中国版本图书馆CIP数据核字（2007）第080917号

责任编辑 李　晶　钟仲南
封面设计 路　峰
图片摄影 仲向平
美术编辑 清　风　张中强
图片编辑 张中强　戴伟领

杭州老字号系列丛书·建筑篇
仲向平 著

出版发行 浙江大学出版社
（杭州天目山路148号　邮政编码 310028）
（E-mail：zupress@mail.hz.zj.cn）
（网址：http://www.zjupress.com
http://www.press.zju.edu.cn）
印　刷 杭州杭新印务有限公司
版　次 2008年5月第1版
印　次 2008年5月第1次印刷
开　本 787mm×1092mm　1/16
印　张 24.5
字　数 480千
书　号 ISBN 978-7-308-05360-0
定　价 88.00元
